中国近代新闻学名著系列丛书

芮必峰◎主编

本国新闻事业

—— 郭步陶◎编著 ——

中国传媒大学出版社
·北 京·

编 委 会

主　编　芮必峰

副主编　姜　红　刘　勇

编　委　贾　南　周　彤　张冰清　侯普曼

出版说明

本丛书整理再版了近代在中国用中文出版的经典新闻学著作，所涉及的图书既有专著、教材，也有译著，全面涵盖了新闻学理论、新闻业务、新闻史等领域，成书年份前后跨越40年。在这40年间，中国的新闻学科从无到有、从借鉴到创新，成就巨大。对这些著作的再次出版，为研究中国近代新闻学提供了珍贵的史料，绘制了中国近代新闻学的全景，度量了中国近代新闻学的厚度，填补了该领域空白，也为纪念中国新闻学诞生100周年献上了一份厚礼。

我们请中国人民大学新闻学院教授、博士生导师，广西大学新闻传播学院院长，教育部社会科学委员会委员兼新闻传播学科召集人郑保卫，及中国传媒大学传播研究院院长、教授、博士生导师，中央实施马克思主义理论研究和建设工程新闻学首席专家雷跃捷对本丛书的内容进行了审定，并根据专家的意见进行了修改。在此对两位专家所付出的辛勤劳动表示衷心感谢。

由于历史原因，本丛书中的个别图书存在一些问题，为保存历史原貌，为研究者提供一手的参考资料，影印时均基本保持其原貌，未作大的删改，希望读者结合当时的历史条件和历史环境，对其中的观点进行批判性借鉴。原书中存在一些错别字、漏字和排版错误，我们在影印时均未做改动，敬请读者注意。

由于原书出版年代久远，本丛书中的许多书籍难觅其踪，存世数量稀少，版权状况极其复杂。为了保证本丛书的学术性和完整性，我们将具有价值的图书先行选入其中，进行了抢救性发掘，力图保存中国新闻史珍贵的历史资料。版权所有人若有异议，请及时与我们联系。

为更好地体现中国近代新闻学的发展脉络，本丛书特别收录了欧美学者休曼的《实用新闻学》、斯蒂德的《新闻学的理论与实际》；日本学者松本君平的《新闻学》、后藤武男的《新闻纸研究》、杉村广太郎的《新闻概论》。当年这些书的出版对中国近代新闻学具有一定的借鉴意义。

本丛书为影印制作，成书清晰度由原书决定，由于出版年代久远，受当时生产力水平及制作方法限制，难免会存在一些缺陷，敬请读者谅解。

中国传媒大学出版社

总　序

如果从1903年商务印书馆编译出版日本人松本君平的《新闻学》算起，中国的新闻学已有115年历史[①]。如果从1918年北大新闻研究会建立，徐宝璜开办新闻学讲座算起，中国新闻学教育和研究迄今正好100年历史。我们搜集整理了清末至民国期间一些有代表性的新闻学书籍，希望借此重现早期中国近代新闻学的本来面貌，反映我国新闻学发展的历史脉络，我们认为，这对中国新闻学术、教育史研究以及中国近现代思想史研究都是很有意义的。

从1903年到1949年9月的40多年间，我国公开出版和内部印行的新闻学书籍，包括专著、教材、论文集、资料汇编、参考工具书等，约468种之多。[②]它们集中反映了我国新闻学的历史发展轨迹。然而，由于多种原因，这些书籍除了几本曾被重印出版外，大多已经是“只闻其名、难觅其踪”，这对我国新闻学研究不能不说是一个遗憾。

本丛书在梳理1903—1949年间出版的有代表性的新闻学书籍的基础上，精选了50部著作，校订注释，编纂再版，也算对这一遗憾的弥补。

从我们挑选的这50部新闻学书籍来看，中国早期新闻学的发展有三个鲜明的特点：

一、中国早期新闻学的发展与中国社会发展，尤其与国家民族利益息息相关

40多年间，中国新闻学从近乎空白到勃然而兴，这与中国社会的动荡、变

① 黄天鹏回顾新闻运动时说：“有清光绪二十八年，商务印书馆刊行《新闻学》一书，为我国人知有新闻学之始，原书为日人松本君平所著……”资料来源：黄天鹏．新闻运动之回顾［A］．黄天鹏．新闻学名论集［C］．上海：上海联合书店，1929．

② 林德海，等．中国新闻学书目大全1903—1987［M］．北京：新华出版社，1989．

革休戚相关。西方新闻学是现代化的产物，最早形成于19世纪末20世纪初。1901年，“新闻学”一词首见于中文报章[①]，但直到民国前夕，国人对于“新闻有学乎”尚存疑，认为报社就是新闻人才的“养成所”。至1912年上海报业俱进会以“吾国报业之不发达……其最大原因，则为无专门之人才”[②]为由，号召组织报业学堂，培养报业专门人才。不难看出，此时新闻界亦将新闻学视为办报之“技”。至1918年邵飘萍为徐宝璜《新闻学》作序仍“窃叹我国新闻界人才之寥落，良由无人以新闻为一学科而研究之者”[③]。黄天鹏把1903年至1918年新闻学研究会建立之前的十余年视为中国新闻学的启蒙期。[④]

1918年，随着以启蒙为目标的新文化运动愈演愈烈，新思潮涌入国门，“新学”“西学”站在旧传统的对立面被学界关注，新闻学思想也不例外。作为公学之首和新文化运动中心的北京大学率先开办新闻学研究会，力证了“新闻学”存在的正当性；徐宝璜《新闻学》一书问世，成为中国新闻学理论的奠基之作。新闻学教育兴起，新闻学研究著作渐盛，待到北伐前夕，中国新闻学从学理上和实践上俱已建立起来。

新文化运动后期，马克思主义传入中国，资本主义文明逐渐“祛魅”。之后的大萧条使得西方国家的痼疾暴露无遗，曾经“理想之彼方”的西方报业也难以幸免。在这一时代背景下，如何建立“吾国之报业”成为新闻学研究的热点，围绕这一热点，一方面，关于中外新闻理论、新闻事业、新闻业务的著作日益涌现；另一方面，军阀对于激进言论的暴力摧残，又引发了新闻人对于言论自由的论争。20世纪20年代的中国新闻学呈现百家争鸣之势。

“在这言论自由纷争之际，也有若干论调，认为新闻纸不过是一种政治宣传的工具，在新闻学方面也唱过所谓社会主义的新闻理论，不过这种论调没有完成，当头的国难已把这种理论粉碎。”[⑤]“九一八”事变后，面对空前的民族危机，“国家至上、民族至上”成为国论，报业成为勾连与动员社会的渠道和网络，

---

① 梁启超．本馆第一百册祝辞并论报馆之责任及本馆之经历［J］．清议报，1901（100）：1-8．

② 戈公振．中国报学史［M］．上海：上海书店，1989：278．

③ 徐宝璜．新闻学［M］．长春：时代文艺出版社，2009：7．

④ 黄天鹏．四十年来中国新闻学之演进［M］//龙伟，任羽中，王晓安，何林，吴浩．民国新闻教育史料选辑．北京：北京大学出版社，2010：149．（以下征引本书时，一律简注为《民国新闻教育史料选辑》。）黄天鹏在此文中提出他对于1903年到战事结束的40余年间中国新闻学发展阶段的划分，原载《中国新闻学会年刊》第1期，1942年9月。

⑤ 黄天鹏．四十年来中国新闻学之演进［M］//民国新闻教育史料选辑．北京：北京大学出版社，2010：161．

致力于推动“舆论统一”。直到全面抗战中期之前，以战争宣传动员为主要研究目标的“战时新闻学”都是新闻学研究的热点。

1943—1949年中华人民共和国成立前夕，随着战争形势的转变，抗日战争已现胜利的曙光，中国新闻学人开始构想新闻业的未来。萨空了[①]于1943年开始着手书写《科学的新闻学概论》，旨在提醒新闻人应“鉴于美英的前车”[②]，避免报纸“为大财阀资本家所独占”[③]，“积极地设法使报纸成为大多数民众自己的相互报道消息、提供意见的工具”[④]。

二、中国新闻学是“西学东渐”的产物，中国早期新闻学人大多具备西学背景

“西学东渐”的内在精神是中体西用。在“用”的招牌下，西学大量涌入。中国新闻学直接引自日本和美国。首先，中国最早的新闻学译著分别为1903年商务印书馆编辑出版的松本君平的《新闻学》和1913年美国记者休曼著、史青编译的《实用新闻学》。前者成为中国新闻学的开端，而后者作为美国第一本新闻教育著作，“提供采访编辑各种实际问题的解决方案”[⑤]，也奠定了中国新闻人对于新闻教育之作用的基本构想。

早期中国新闻学人大多具备留美留日的求学背景。徐宝璜曾于美国密歇根大学修习经济学与新闻学，其《新闻学》（1919）的参考文献包括在美国出版的图书23种、在英国出版的图书7种，印证了时任北大校长蔡元培所言，“新闻学之取资，以美为最便矣”[⑥]。任白涛求学日本早稻田大学政治经济学系时，加入了《朝日新闻》名记者杉村楚人冠等筹建的“大日本新闻学会”[⑦]，《应用新闻学》

---

① 萨空了（1907—1988）四川成都人，蒙古族，笔名了了、艾秋飚，记者、主编、新闻学家。1927年任《北京晚报》《世界日报》编辑记者、《世界画报》总编辑。曾任教民国学院新闻系、北京新闻专科学校。1935年任上海《立报》副刊主编、总编辑兼经理。中华人民共和国成立后任中央人民政府新闻总署副署长兼新闻摄影局局长、出版总署副署长、全国政协副秘书长兼《人民政协报》总编辑等职。负责主编《中国大百科全书·新闻出版》卷，著有《科学的新闻学概论》《科学的艺术概论》《宣传心理研究》等。

② 萨空了．科学的新闻学概论［M］．香港：文化供应社，1946：36.

③ 萨空了．科学的新闻学概论［M］．香港：文化供应社，1946：36.

④ 萨空了．科学的新闻学概论［M］．香港：文化供应社，1946：36.

⑤ 黄天鹏．四十年来中国新闻学之演进［M］//龙伟，任羽中，王晓安，何林，吴浩．民国新闻教育史料选辑，北京：北京大学出版社，2010：157.

⑥ 邓绍根．中国新闻学的筚路蓝缕：北京大学新闻学研究会［M］．北京：清华大学出版社，2015：228.

⑦ 1915年《朝日新闻》的杉村楚人冠等在庆应义塾大学创办“新闻研究会”并讲授课程，后根据该讲义出版了《最近新闻纸学》（1918）。其时，杉村楚人冠还兼任“大日本新闻学会”的筹建者与学会新闻讲座讲师。

（1922）正是仿照杉村楚人冠《最近新闻纸学》一书体例所做。[①]邵飘萍的《实际应用新闻学》（1923）亦参考了《最近新闻纸学》。[②]杉村楚人冠深受美、德新闻思想熏陶，美、日、德的新闻思想因故才传到中国。

事实上，正是留美、留日学生群体的新闻学著述构建起了中国早期新闻学的基本框架。仅本丛书所涉国内著（编）者30人中，剔除资料不详者3人，有留学经历者共计15人。其中留美5人：徐宝璜、伍超、赵敏恒[③]、戈公振[④]、曹用先[⑤]；留日8人：吴定九[⑥]、邵飘萍、黄天鹏、任白涛、张友渔[⑦]、谢六逸、袁殊[⑧]、王文萱[⑨]；

---

① 周光明. 近代新闻史论稿［M］. 北京：社会科学文献出版社，2014：276.

② 方晓红. 中国新闻简史［M］. 南京：南京师范大学出版社，1996：122.

③ 赵敏恒（1904—1961），记者、新闻学教授。早年就读于清华大学，1923年起先后于美国科罗拉多大学文学院、密苏里大学新闻学院、哥伦比亚大学新闻学院攻读英国文学和新闻学，并获新闻学硕士学位。1925年起在纽约环球通讯社当编辑。1927年回国，在国民政府外交部情报处短暂工作后加入路透社。1945年10月任《新闻报》总编，兼任复旦大学新闻学教授。

④ 留学两个及两个以上国家的，按其留学的第一个国家计。

⑤ 曹用先，女，宁波人，天津南开大学社会科毕业。1926年与未婚夫查良鉴自南开大学毕业后，同赴密歇根大学留学，1930年在该校安娜堡完婚。硕士毕业后回国，曾就职于上海商务印书馆编辑所并任教于大夏大学，1949年与查赴台，1951年4月病逝于台湾。

⑥ 吴定九（1890—1930），名鼎，字定九，嘉定人。著名报人，《京报》元勋之一，著有《新闻事业经营法》。公派赴日本名古屋学习土木工程时，与在东京政法学校读书的邵飘萍成为密友。1923年9月，私立北京平民大学设立报学系，时任京报社经理的吴定九担任教授并讲授专业课程“新闻经营法”。

⑦ 张友渔（1898—1992），原名张象鼎，字友彝，又名张忧虞，山西灵石人。法学家、政治学家、新闻学家。先后求学于山西第一师范学校，国立北平法政大学法律系。1927年任《国民晚报》社长兼总编辑。同年加入中国共产党，任中共北平市委委员兼秘书长。1930年赴日留学。“九一八”事变后回国任《世界日报》主笔及燕京大学、中国大学、民国大学、中法大学、北平大学法商学院教授，讲授宪法学、劳动法学、新闻学和日本问题。1943年起在重庆任中共南方局文委秘书长、《新华日报》社论委员会委员、中共重庆工作委员会候补委员兼政策研究室副主任、《新华日报》代总编辑等职。

⑧ 袁殊（1911—1987），中共谍报人员、记者、新闻学者。早年赴日攻读新闻学、东洋史。曾创办上海自修大学并设新闻专科。1931年3月创办的《文艺新闻》，最早揭露了左联五烈士被害的消息。1932年任新声通讯社记者，经潘汉年引介加入共产党。1942年卧底敌伪报纸《新中国报》，1945年10月转移到苏北解放区；1949年调入中央情报部门。著《记者道》《学校新闻讲话》《新闻大王赫斯特》等书；译《新闻法制论》等。

⑨ 王文萱，曾留学日本，1930年5月翻译杉村广太郎的《新闻概论》。1942年国立社会教育学院新闻系成立，王文萱在该系教授新闻业务课程。1947年年初，李宗仁授意萧一山在北平创办《经世日报》作为喉舌，任命王文萱、蓝文澄两位教授为主笔。

旅欧2人为胡愈之和储玉坤[①]（详情见表）。这些涉足新闻学研究的归国留学生兼容并蓄，汲取美、日、德等国新闻理论和马克思主义新闻思想的精华，进行本土化改良，亦从侧面反映出中国新闻学的理论来源。

三、中国早期新闻学人往往兼新闻实践、新闻教育、新闻研究于一身

1918年，北京大学新闻学研究会成立，徐宝璜负责讲授新闻学知识。他结合自身从业经验，参考欧美新闻学书目，形成课程讲义；再结合讲课心得，不断完善新闻学理论。1919年，国人自撰的第一本新闻学专著《新闻学》最终成书。徐在自序中细陈写书修书之过程："新闻学乃近世青年学问之一种，尚在发育时期。余对于斯学，虽曾稍事涉猎，然并无系统之研究。客岁蔡校长设立新闻学研究会，命余主任其事，并兼任导师。余乃于暑假中，正式加以研究，就所得著《新闻学大意》一篇，以为开会后讲演之用。……开会后，余继续研究，加以会员之质疑问难，时有心得，遂将原稿加以修改，成第二次之稿……"[②]显然，"曾稍事涉猎"指其曾经担任《晨报》主笔的工作经历。早期中国新闻学人兼具从业经验和新闻学教学经验者多会总结实践经验、丰富新闻理论、著书立说、传道授业，这种情况并不鲜见。

从早期新闻学著作的作者（编者）身份来看：本丛书涉及国内著（编）者30人，除李公凡、刘元钊和鲁风三人身份不详，仅蒋国珍[③]、项士元[④]二人没有明确的新闻从业经验。而在这25人中，更有20人兼具从业经历与从教经历。新闻学人大多具有新闻从业经历，学术研究、传承活动与新闻实践密不可分（详

① 储玉坤，1912年生，江苏宜兴人，笔名雨君、储华。1937年中央政治学校大学部新闻学及国际政治专业毕业。1938年1月任《文汇报》编辑兼社论撰述者；1938年5月担任《文汇报》法国哈瓦斯分社编辑；抗战胜利后，任《文汇报》总主笔。1946年5月转任《申报》主笔和法国新闻社远东分社中文部主任，兼任中国新闻专科学校教务长和沪江大学新闻系教授。著有《现代新闻学概论》《第二次世界大战史》《美国经济》。

② 邓绍根．中国新闻学的筚路蓝缕［M］．北京：清华大学出版社，2015：244.

③ 蒋国珍出生于1896年，江苏溧阳人，做过学生运动领袖、国民党党员、教育工作者、政府职员、银行经理。曾加入上海学生运动，代表上海全国各界联合会、全国学生联合会、上海各界联合会、学生联合会四团体发声。虞文俊认为其传世的《中国新闻发达史》翻译自日本人伊藤武雄的《中国新闻发达史》，即蒋国珍应为此书的译者而非著者。

④ 项士元（1887—1959），佛教居士、学者。原名元勋，号慈圆，又号石槎。浙江临海人，通日、英、德、梵、俄文，一生佛学著作等身。25岁毕业于杭州府中学堂，后办私立小学和赤城初级师范，兼任各校教师；捐资并赠书创办了临海图书馆。项士元长期辗转江浙等地从事教育、新闻和史志方面的研究工作。中华人民共和国成立后主持台州文管会，任浙江省文史馆馆员。所著《浙江新闻史》是中国最早的新闻史之一。

见表1[①])。

从新闻学著作本身来看，许多民国新闻学书籍正是新闻实践和新闻教育的直接产物：国人自撰的第一部新闻采访学专著——《实际应用新闻学》根据邵飘萍在北京大学新闻学研究会和平民大学新闻系的讲稿所著，《新闻学总论》一书则根据邵氏国立政法大学的新闻学讲义整理而成；周孝庵[②]根据自己在复旦大学的新闻学讲义编著了《最新实验新闻学》；郭步陶[③]的《本国新闻事业》是上海市私立申报新闻函授学校讲义之十一；而《新闻学的基础知识》本就是中美日报读讯会[④]为新闻学自修者所出版的教材《实用新闻学讲义》之一；储玉坤的《现代新闻学概论》则是专门为大学新闻理论教科书而编写的（详见表2）。

正是由于早期新闻学人兼新闻实践、新闻教育、新闻研究于一身，才能为理论教学与著述提供最鲜活的案例，促使新闻实践经验迅速融入新闻学理论研究。这是近代中国新闻学迅速发展的重要因素，对于当今的新闻学研究、新闻学教育工作也有重要启示。

本丛书编委会邀请相关领域资深专家进行研讨，认真甄选了书目，仔细进行了版本比较和甄别，从而保证了本丛书较高的学术权威性。

由于历史的局限，民国新闻学书籍的不足是明显的，如学术理论不成熟、部分话语和话题打上了深深的时代烙印等；又因书中涉及的新闻稿件写作于特定历史环境和历史年代，其表达方式不严谨亦不可避免。盖所选书目皆是历史文献，我们在审校中尽量保持其历史原貌，不做大的删改；对极个别对马克思

---

① 李秀云. 留学生与中国新闻学［M］. 天津：南开大学出版社，2009：239-251. 本书中李秀云整理了民国期间从事新闻学研究的留学生44人，并分析其留学国别构成、专业构成、新闻实践经历、从教经历等。

② 周孝庵（1900—1973），佛教学者、律师、报人。松江府人。毕业于江苏省立第一商业学校。历任上海时事新报馆记者、编辑、主编，著《最新实验新闻学》。1928年秋被复旦大学聘为新闻学教授。曾于上海法政大学获法学学士学位，1930年兼律师。1932年主编上海《新闻报》"法律质疑"栏目、编著了《法律质疑汇编》。上海沦陷后，曾氏关闭了律师事务所，潜心佛学研究。

③ 郭步陶（1879—1962），原名成爽，后改名惜，字步陶。四川隆昌人。名记者、新闻研究者。1911—1917年任《申报》编辑，1917年任《新闻报》编辑主任、主笔。1930年任教于复旦大学新闻系。上海沦陷后赴香港，任职于《申报》（香港）、《星岛日报》；1939年创建中国新闻学院（香港）并任院长。抗战胜利后回沪任教于复旦大学、新中国学院。

④ 《中美日报》是"孤岛"时期的国民党报纸，为躲避日伪新闻检查，在美商罗斯福出版公司招牌下运作，副刊有《集纳》《堡垒》等。1938年11月创刊，1941年12月停刊，1945年8月复刊，次年4月终刊。总编先后为杨勋民、查修、詹文浒，总主笔周宪文，执笔者有储玉坤、章丹枫等。胡道静曾任英文编辑。报社读讯会为自修新闻学的读者出版了《实用新闻学讲义》，共计10种，对编辑术、采访术、评论作法、新闻写作、新闻学史、剪报工作等都有专篇论述。

主义、共产党等的不适当叙述已进行了删除处理。

本丛书规模较大，从策划项目、搜集资料、校订编纂到审稿成书，历时两年有余。这50本书可能并非本本经典，其中有些内容亦有重复、雷同之处，但瑕不掩瑜，它们对于研究中国新闻学功不可没，作为新闻史资料极具研究价值。感谢中国传媒大学出版社和安徽大学新闻传播学院诸位老师的辛勤付出，也希望读者在本丛书中能读出更丰富的内容，获得启发并更深入地思考。

丛书主编　芮必峰

2018年5月7日

附表：

表1　著者受教育、从业、从教及著述情况列表

序号	姓名	是否留学及留学国家	从业经历	从教经历	著作
1	徐宝璜	美国密歇根大学，经济学、新闻学	北京《晨报》主笔	北京大学新闻学研究会、北京平民大学新闻系	《新闻学》《新闻事业》
2	戈公振	1927年赴美国、日本考察新闻事业	首创《图画时报》、“上海新闻记者联合会”会长、《申报》总管理处设计处主任兼《申报星期画刊》主编	上海南方大学新闻系、上海国民大学新闻系、复旦大学新闻系、上海沪江大学商学院、上海民治新闻学院	《新闻学撮要》《中国报学史》《新闻学》
3	邵飘萍	东京政法学校	《汉民日报》主编、《时事新报》《申报》《时报》主笔、创办“北京新闻编译社”、《京报》社长	北京大学新闻学研究会、北京平民大学新闻系、国立法政大学	《实际应用新闻学》《新闻学总论》
4	吴定九	日本名古屋工业专门学校土木工程	主持《京报》	北京平民大学新闻系、国立法政大学	《新闻事业经营法》
5	谢六逸	日本早稻田大学东洋文学史	《立报》文艺副刊《言林》主编、《国民周刊》《趣味》周刊主编	复旦大学新闻系、申报新闻函授学校、国立社会教育学院新闻系、暨南大学新闻系、大夏大学新闻系	《实用新闻学》《国外新闻事业》《新闻储藏研究》
6	黄天鹏	日本早稻田大学新闻系硕士	在北平创刊《新闻学刊》并担任主编	复旦大学新闻系、上海沪江大学商学院新闻学科	《新闻文学概论》《中国新闻事业》《新闻学入门》《新闻学概要》
7	赵敏恒	美国科罗拉多大学文学院、密苏里大学新闻学院、哥伦比亚大学新闻学院攻读英国文学和新闻学，并获新闻学硕士学位	纽约环球通讯社编辑，后加入路透社。“九一八”事变后为美国国际新闻社、伦敦《每日电讯报》《朝日新闻》等供稿。1945年10月任《新闻报》总编辑	复旦大学新闻系、中央政治学校新闻系、暨南大学新闻系	《外人在华的新闻事业》

续表

序号	姓名	是否留学及留学国家	从业经历	从教经历	著作
8	周孝庵	无	历任上海时事新报馆记者、编辑、主编；主编《上海新闻报》“法律质疑”栏目	复旦大学新闻系、新闻大学函授科	《最新实验新闻学》
9	张友渔	1930年、1932年、1935年多次赴日学习新闻学、考察日本新闻事业	《世界日报》编辑、《大同晚报》总编辑、《国民晚报》社长、《泰晤士报》总编辑、《新华日报》社论委员	燕京大学新闻系、北平民国学院新闻系	《新闻之理论与现象》《日本新闻发达史》
10	袁殊	日本新闻专科学校、早稻田大学历史系	创办《文艺新闻》《译报》、新声通讯社记者	上海自修大学新闻专科	《记者道》《学校新闻讲话》《新闻大王赫斯特》《新闻法制论》（译）
11	胡愈之	1928年法国巴黎大学攻读国际法	《东方杂志》编辑、创办《公理日报》、哈瓦斯通讯社远东分社中文部编辑主任、主编新加坡《南洋商报》		《胡愈之出版文集》
12	储玉坤	留法	《新闻报》编辑、《文汇报》编辑、法国哈瓦斯通讯社中国分社编辑、《文汇报》总主笔、《申报》主笔、法国新闻社远东分社中文部主任	中国新闻专科学校、沪江大学新闻系、之江大学新闻系、致用大学新闻学系	《现代新闻学概论》
13	任白涛	日本早稻田大学政治经济学	创办中国新闻学社、《新湖北日报》总编辑		《应用新闻学》《综合新闻学》
14	曹用先	美国密歇根大学①	上海商务印书馆编辑所②	大夏大学③	《新闻学》

① 毛彦文. 往事［M］. 北京：商务印书馆，2012：28.

② 雪林. 一段值得介绍的婚姻（红藏·生活·第四卷第三十八期）［M］. 湘潭：湘潭大学出版社，2014：435-437.

③ 毛彦文. 往事［M］. 北京：商务印书馆，2012：28.

续表

序号	姓名	是否留学及留学国家	从业经历	从教经历	著作
15	王文萱	留日①	《经世日报》②	国立社会教育学院新闻系③	《新闻概论》（译）
16	伍超	留美“攻读新闻科”④			《新闻学大纲》
17	郭步陶	无	《申报》编辑、《新闻报》编辑主任兼主笔、《申报》（香港）、《星岛日报》编辑	复旦大学新闻系、《申报》新闻函授学校、中国新闻学院（香港）、新中国学院	《本国新闻事业》
18	任毕明⑤	无	《民国日报》《时报》《快报》主笔、《大众日报》总编辑	香港中华新闻学院	《战时新闻学》《评论学十讲》
19	赵君豪⑥	无	《申报》副总编辑	上海商学院新闻专修科、复旦大学新闻系、上海法政学院新闻专修科	《中国近代之报业》《上海报人的奋斗》

① 杉村广太郎. 新闻概论・黄序［M］. 王文萱，译. 上海：联合书店，1930.

② 冯国定. 忆萧一山先生［M］//中国人民政治协商会议北京市委员会文史资料研究委员会文史资料选编（第43辑），北京：北京出版社，1992：104.

③ 苏州大学社会教育学院. 峥嵘岁月（第三集）［M］. 北京、上海、南京、苏州校会. 1991：229.

④ 伍超. 新闻学大纲・自序［M］. 上海：商务印书馆，1925.

⑤ 任毕明，原名任大任，生于1904年，广东鹤山人。1925年在广西梧州创办《民国日报》，曾任《时报》《快报》主笔，主持过香港的《大众日报》。参与创办香港中华新闻学院，并任教。著作有《龙虎集》《风云集》《社会大学》《新社会大学》《战时新闻学》和《评论学十讲》等。

⑥ 赵君豪（1900—？）江苏兴化人。报人。“五四时期”求学于上海交通大学，经常给著名的《民国日报》副刊《觉悟》投稿，并与时任《觉悟》编辑的邵力子讨论种种社会改造问题。毕业后进入《申报》馆工作，抗战后任《申报》副总编辑。1929、1942年两度兼任复旦大学新闻系编辑教授；1930年兼任上海法政学院新闻专修科教授，讲授采访学；曾任《申报》新闻函授学校教授。1944年10月在重庆出版《上海报人的奋斗》。

续表

序号	姓名	是否留学及留学国家	从业经历	从教经历	著作
20	杜绍文①	无	杭州《民国日报》国际版编辑、《东南日报》《前线日报》主笔兼《新闻战线》周刊主编、《东南日报》总编辑、《文汇报》办公室主任	复旦大学新闻系	《新闻政策》《中国报人之路》《战时报学讲话》《国际新闻纵横谈》
21	胡道静②	无	《万有文库》编辑、上海通志馆编修、《通报》《中美日报》《大晚报》等报记者、编辑、撰稿人	上海法政学院新闻专修科	《上海新闻事业之史的发展》
22	张静庐	无	创办上海杂志公司并出任总经理		《中国的新闻记者与新闻纸》《中国近代出版史料》《中国现代出版史料》《中国出版史料》《在出版界二十年》
23	萨空了	无	《北京晚报》编辑记者、《世界日报》画刊编辑、《世界画报》总编辑、天津《大公报》艺术半月刊主编	民国学院新闻系、北京新闻专科学校	《科学的新闻学概论》

① 杜绍文（1909—？），又名杜超彬，广东澄海人。1927年入复旦大学中文学新闻组学习，1931年留校助教。后任杭州《民国日报》国际版编辑、资料室主任、浙江《东南日报》主笔。抗战期间主编浙江战时新闻学会会刊《战时记者》月刊,《国民日报》总编辑、社长；抗战胜利后任上海《前线日报》主笔兼《新闻战线》周刊主编。1946年至1951年间任复旦大学新闻系教授，1952年任上海《文汇报》记者、编委办公室主任。著有《新闻政策》《中国报人之路》《战时报学讲话》《国际新闻纵横谈》。

② 胡道静（1913—2003），安徽泾县人。1931年毕业于上海持志大学国语系。曾参加《万有文库》编辑和上海通志馆编修工作。“孤岛”时期坚守上海新闻界抗日宣传工作，任《通报》《中美日报》《大晚报》《密勒氏评论报》记者、编辑、撰稿人，同时在上海法政学院新闻专修科讲授新闻史课程，为共产党的抗日宣传培养新闻干部。1949年后历任中华书局上海编辑所编辑、上海人民出版社编审等。

续表

序号	姓名	是否留学及留学国家	从业经历	从教经历	著作
24	管照微①		复旦大学校刊编辑、1931 年兼任上海新闻社记者	兰州大学经济系	编《新闻学论集》
25	项士元				
26	蒋国珍	疑为《中国新闻发达史》的译者而非著者②			
28	李公凡	不详			
27	鲁风	不详			
28	刘元钊	不详			

① 管照微，高中就读于上海立达学园，曾与王济深、刘仲达、唐旭之等先后组织了“时潮社”和“立达剧团”。后进入复旦大学新闻系学习，与伍梦窗、林楚君、向浦、徐之津等加入了复旦大学“左联”，并负责复旦大学的校刊编辑工作。1933年12月21日因宣传左翼思想被捕，后任教于兰州大学经济系。

② 虞文俊是东亚中国新闻史研究第一人。《中国新闻发达史》译者蒋国珍初考［J］. 新闻界，2015（15）.

表2　书目

序号	年份	书名	作者	备注
1	1903	新闻学	〔日〕松本君平 著	
2	1913	实用新闻学	〔美〕休曼著 史青译	
3	1919.12	新闻学	徐宝璜① 著	北京大学 新闻研究会讲稿
4	1922.11	应用新闻学	任白涛② 著	
5	1923.8	实际应用新闻学	邵振青 著	北京平民大学、 国立法政大学讲义
6	1924.4	新闻事业	徐宝璜 胡愈之 著	
7	1924.6	新闻学总论	邵飘萍 著	
8	1925.1	新闻学大纲	伍超 著	
9	1925.2	新闻学撮要	戈公振③ 编	
10	1927.9	中国新闻发达史	蒋国珍 著	
11	1927.11	中国报学史	戈公振 著	
12	1928.9	中国的新闻纸	张静庐 著	
13	1928.11	最新实验新闻学（上）	周孝庵 著	复旦大学新闻系
14	1928.11	最新实验新闻学（下）	周孝庵 著	复旦大学新闻系
15	1930.4	新闻事业经营法	吴定九 著	
16	1930.5	新闻概论	〔日〕杉村广太郎 著 王文萱 译	

① 徐宝璜，中国新闻学者、新闻教育家。1912年毕业于北京大学，后公费留美，于密歇根大学攻读经济学、新闻学。徐宝璜在美国密苏里大学受过系统的新闻学教育。

② 任白涛，笔名冷公、一碧，河南南阳人。1911年辛亥革命后，先后担任上海《民立报》《神州日报》《新闻报》驻河南特约通讯员，参加当地反袁活动。1916年留学日本，在早稻田大学攻读政治经济学，并加入了大日本新闻学会。

③ 戈公振所著的《中国报学史》最早由上海商务印书馆出版，是研究新闻学和我国新闻事业发展史的开山之作，国内外新闻界将之誉为中国首部新闻史学权威著作。任教上海国民大学期间，戈公振开始着手《中国报学史》一书的写作。在从事新闻工作之余，戈公振致力于新闻教育事业和新闻学研究工作，曾在上海国民大学、南方大学、大夏大学、复旦大学等校新闻系和杭州暑假报学讲习所讲授新闻学方面的课程，在新闻学研究上留下了许多著述。

续表

序号	年份	书名	作者	备注
17	1930.8	中国新闻事业（上）	黄天鹏① 著	
18	1930.8	中国新闻事业（下）	黄天鹏 著	
19	1930.8	新闻纸研究	〔日〕后藤武男 著 俞康德 译述	
20	1930.9	浙江新闻史（上）	项士元 编	
21	1930.9	浙江新闻史（下）	项士元 编	
22	1932.7	学校新闻讲话	袁殊 著	
23	1932.8	外人在华的新闻事业	赵敏恒 著	
24	1933.4	新闻学入门	黄天鹏 著	
25	1933.10	新闻学论集	管照微 编	复旦新闻学会丛书
26	1935	实用新闻学（上）	谢六逸② 编	申报新闻函授学校讲义之三
27	1935	实用新闻学（下）	谢六逸 编	申报新闻函授学校讲义之三
28	1934.1	新闻学	曹用先	
29	1934.2	新闻学概要	黄天鹏 编	复旦大学讲义、上海沪江大学新闻学专修科
30	1935	上海新闻事业之史的发展	胡道静 著	
31	1936.5	新闻学讲话	刘元钊 编著	

① 黄天鹏，字天鹏，别号天庐。1927年1月，他创办了我国首个新闻学刊（1929年扩改为《报学月刊》）并任主编；他是我国新闻学术史上最早研究新闻学之产生及发展史的学者，是我国具有新闻学术史观的第一人。他于1923年就读于北京平民大学报学系，1929年留学日本,修业新研究所,旋入早稻田大学新闻系。归国后出版了《新闻文学概论》《中国新闻事业》《新闻学入门》《新闻学概要》等十余本新闻学专著。

② 谢六逸，中国现代新闻教育事业的奠基者之一。著名的作家、翻译家、教授。1917年以公费生身份赴日就读于早稻田大学。1922年毕业归国，入商务印书馆工作。后历任神州女校教务主任及暨南大学、复旦大学、大夏大学教授。1930年任复旦大学中文系主任，并创设了后来闻名海内外的复旦大学新闻系，任主任。

续表

序号	年份	书名	作者	备注
32	1936	本国新闻事业	郭步陶 编著	申报新闻函授学校讲义十一
33	1936.6	新闻之理论与现象	张友渔 著	
34	1936.11	记者道	袁殊 著	
35	1937.7	现代新闻学概论	储玉坤 著	国民党政府唯一指定大学新闻理论教科书
36	1938.7	战时新闻学	任毕明 著	
37	1938.9	中国近代之报业（上）	赵君豪 著	
38	1938.9	中国近代之报业（下）	赵君豪 著	
39	1938.10	基础新闻学	李公凡 著	
40	1939.7	中国报人之路	杜绍文 著	
41	1940.4	新闻学	戈公振 著	1932 年完稿，另有 1947 年版
42	1941	新闻学的基础知识（上）	中美日报读讯会 编	中美日报读讯会实用新闻学讲义
43	1941	新闻学的基础知识（下）	中美日报读讯会 编	中美日报读讯会实用新闻学讲义
44	1941.7	综合新闻学 1	任白涛 著	
45	1941.7	综合新闻学 2	任白涛 著	
46	1941.7	综合新闻学 3	任白涛 著	
47	1944.9	新闻学	鲁风 著	新中国自修学院约稿
48	1946.6	科学的新闻学概论	萨空了 著	另有 1945.3 出版的署名艾秋飚的版本
49	1946.11	新闻史上的新时代	胡道静 著	
50	1947.12	新闻学的理论与实际	〔英〕斯蒂德 著 王季深 吴饮冰 译	上海文化函授学校读本

本國新聞事業目次

郭步陶編著

本國新聞事業

郭步陶編著

一　新聞事業的本質

（一）新聞的解釋

開宗明義第一章，我們先要說明的，便是「什麼是新聞」？凡是稍稍涉獵過新聞學的人，沒有不知道這兩個字的定義的，何必再來嚕嗦？話雖這樣說，普通所說的新聞，和新聞學上所說的新聞，不一定相同。普通所說的新聞是指報紙中所載的一件新發生的事實。新聞學中的新聞，有時和上述的一樣，有時却指着報紙的全部而言。譬如「新聞學」三個字，就是報學的別名，絕對不是專門研究一新發生事件的學科。說到這裏，大家一定要問，報和新聞有沒有分別？爲什麼分明是報學，却要拿新聞學來代稱？我們試看報這個字在英文是 Newspaper，新聞的英譯是 News，我們便知道報的範圍大，新聞的範圍小，報可包括新聞，新聞不一定能包括報。照理，應該用報學的，爲什麼大家都公同認承「新聞學」三個字，大約有兩個原因：一是中國對於各種學科起初多仿照日本，而日本把報叫做新聞，如大阪每日新聞上海日日新聞等名稱，便可概見。中國人譯日本書，這個名詞——新聞，也就照樣的用。久而久之，成爲慣例，遂將「報」字拋棄，而公認「新聞」二字爲科學專詞了。二是報紙中雖有告白，評論，文藝等等，而主體却在「新聞」。因爲辦報的原意，是報告最新消息的。告白是變相的新聞，評論是批評或解釋新聞的，文藝等是補新聞餘臢的地位的。所以把主要的「新聞」二字，來包括全報，也未嘗不可。總括來說，廣義的「新聞」，是指全報而言；狹義的「新聞」，是專指一件新發生的事實而言。本書主題的「新聞」，是廣義的而非狹義的。所以和「報」字的意義完全相同。

（二）　新聞事業的認識

新聞二字，在本書中，所涉及的範圍，上面已經說明。我們繼續要研究的，便是新聞事業。就大家看慣的來講，簡單一些說，便是辦報的事業。說詳細一些，可分兩個說法：一說，凡是關於採訪，編輯，論著，校對，排版，印刷，廣告，發行，以及報館一切事務的，都叫做新聞事業。一說，不是這樣。須要主持整個的全部報館事務，對內對外，都能担負責任，才能算是新聞事業。但是仔細一想，可以說，兩說都有些對，也可以說兩說都不能獨立的完全對。因爲前說是新聞事業中的種種工具，後說是支配新聞事業中各種工具的發動機，也可以說是養成新聞業中各種工具的源泉。兩者合而新聞事業的形體具，兩者分而新聞事業的形骸散。但是再深一層說，上面所說，都祇是新聞事業的實體，還不能算是新聞事業的精神。究竟新聞事業的精神是什麼？我們先從上述的幾項，研究一下。

(1)採訪　辦理這項事的人，要長於交際，善於奔走。無論上中下三等社會，都能跑得進，拉得攏。遇事要隨機應變，寫稿要眼明手快。遇着機會，任隨你什麼盛大的宴會，什麽嚴重的場所，尋常人不能隨便出入的，他都可以憑着新聞記者四個字飽享口和眼的幸福。但是遇着要緊消息，急須尋求，無論是深更半夜，或風霜雨雪在途，或水火刀兵在前，都不能不拚着命往前去做。得着了消息，無論是疲倦到如何程度，總必要儘速把所得的消息，做成報告，交到編輯室。照這樣說來，服務新聞事業，簡直和做偵探的行徑，不相上下了。

（2）編輯論著校對　這類事，都是內勤的事務。服務的人，至少對於各種科學，總要有些基礎，普通常識，總要在水平綫上，對於社會心理，尤要有相當的體驗。一事件到手，要立刻能辨別牠的是非曲直。一稿件到眼，其中有沒有作用？是不是有價值的消息？都要很快的辨別清楚。就是校對的人，責任比較相微輕一些，然也須常識具備，和普通僅僅對字的大不相同。他們工作的時間，多半是夜深人靜之後。普通人在那時都已安然就寢，他們却不能不提起精神，處理一切。而且越是夜深，越是要編重要的稿件，越是要作人所難作的論文，越是要校閱十分麻煩的樣張。因此家庭幸福，被牠剝奪殆盡，起居飲食，被牠擾亂的失却常態。曾有人說過一個笑話道：「凡是作報館內勤記者的，第一要學會吸鴉片烟，不然，這天亮才睡覺的工作，怎樣能做得來」？這雖是滑稽一些，但新聞記者做夜工，却是事實。從這方面看，新聞事業，又好像和那「三更燈火五更雞」的舊式文人，有些相近了。

（3）排版印刷　這類事，多半是要用手用力的。排字的人，把散在滿架的鉛字，一個一個的，要集在小盤上，使牠能夠合成一段文字。這種工作，一半是機械的，一半也是神祕的。換一句話來說，一方用手，一方也用腦，才能辦得下來。所以排字的工作做久了，往往文字能夠通順，事理能夠明白，這又是連類而及的一個道理。印刷一事，起初印報的，是手搖機，這種機很簡單，又出報很慢，印的人祇要用氣力去搖，便就可以對付。現在時代進步了，大一些的報館，多半用的是捲筒機。就是煎膠上墨等工作，也有相當的機器，不是全用人力了。印機既複雜，印的人也要懂得此機件的組織，和粗淺的科學運用方法，才能不至誤事。遇着機器有損傷，自己才能知道怎樣去修理。所以現在印報的同志們，也須要用力兼用腦了。上面兩種工作，和普通工廠的工人工作，雖有許多相似的地方，尤其是書局的排印書籍，幾乎完全相同。然而實際上却有大相懸遠的，就是報館的排印，必在夜間，且有一定的時限，一些不容錯誤；不像書局的印刷廠，或其他工廠工作，可以從容去做，祇要不偷懶，不作弊，便就可算稱職。依這樣看，新聞事業又可以算是一種高等工廠的夜工生活了。

上述三類工作，有用腦的，有用力的；工作的人，有在外奔走的，有在內伏案苦思的；更有勞其筋力，疲其手眼以皇皇終夜的。知識不相同，品格不相同，館中的待遇，也顯然分有高下。但是他們所從事的都不能說不是新聞事業，而且服務的情形，也有一點，可以說是公同的，就是大家都要能熬夜，能吃苦，才能勝任這個工作。說到這裏，我們可以下一斷語道，新聞事業是一很清苦的事業。

(4)廣告　廣告是報館可以得到貲財的一源泉，在新聞事業中，當然佔一很重要的位置。服務廣告一部份的人，有在外兜攬廣告的，有在內接收廣告的，有經管廣告賬目，有出外收取廣告賬項的，有審核廣告文詞的，有校對廣告稿樣的。除掉校稿的時間，和編輯部的工作相似外，其餘都是日間工作的。在這日間工作的一班同志中，審核稿件的，有時或須代登廣告的人修改文字，有時或須決定廣告的性質能登與否，這裏也須有些社會學科的根底，和普通應備的法律常識。他的性質，也是很和編輯記者相近的。以外四類，那就迥不相同了。接收廣告的好像店舖的櫃台先生，除了牌子硬的報館，和不二價的店家一樣，櫃台上向不講價外，稍微軟一些的報館，也要當面講講折扣的。兜攬廣告的，好像店家的跑街先生，催收廣告賬和登記廣告賬的和一般商店的賬房先生收賬先生，簡直沒有多大分別。不過近年來，漸有科學管理的趨勢，有些大報館的賬簿賬單，是用新式簿計方法來寫的。然而講到實際來，仍和和的商家，如銀行等，是一樣的。所以服務廣告的人，須要有些經商的經驗，才可以不至於失敗。

(5)發行　發行報紙，也是報館的經濟一大來源，和廣告有同等的價值。辦理這項工作的人們，也有好幾類的職務：一是門市的發報。這和一切店家的門市賣賣，完全同一性質，不過祇有早市的大批售出，日間門市，絕少零星交易，這是和買賣其他物件相異的一點。二是外埠報紙的寄出。這和尋常貨物的打包輪運或車運，也沒有許多大不同的地方。祇是不須報關，手續簡單一些。而火車輪船有一定的班頭，一些時候都不容錯誤，卻又比寄其他貨物困難許多了。三是推廣銷報的策畫。或在館內設計籌謀，怎樣派人出外宣傳？怎樣刊發文字，直接或間接引人訂閱報紙？或在外設分館，分銷處，或代派處，使報紙銷路日益增加。這些工作，和商人的勾心鬥角，以謀銷售貨物，以及各省各市鎮廣設分店，使貨物出售的機會，隨處都有，眞正可以說一些沒有差別了。

(6)會計庶務收發　這三項職務，都是報館內日用尋常所萬不能缺的份子。會計為整個報館經濟所彙集，非眞正為館主心腹所信託的人，又有相當押櫃的鉅款，斷不能隨便就担任這個重任的。他的工作，多半在日間，雖說不一定很忙，卻一步不能離開賬房。每日早晨的門市收款，各項出入的傳單，大小月底的收賬發款，以及　年的總結賬，都是他工作很緊張的時候。但是不須做夜工的，午後八時左右，多半已是賬房先生退休的時候了。庶務的工作，是管理全報館一切雜碎事件的。全館的清潔，衛生，和一切必要的設備，都要他去負責辦理。各部份傭役的支配，和動用物件的購置，也是他分內當做的事務。無論晝夜，一有意外事情發生，或需用物品一有缺少，都要立時去尋找庶務先生。所以這項工作，是很繁重麻煩的。收發一項，職務好像不甚大，但全館的交通命脈，都握他的手裏。外來的一切信電稿件，和發出的一切郵函物件，無一不由他手經過。每天從上午九時起，直到夜二三時止，無一刻不有他的事務。所以這項工作，必要多人分班輪值，才能應付得來。上面所說的三項工作，和官廳裏的管理事務的科員，公共機關或團體的坐辦員或事務員等可算是大同小異了

(7)總務處　這個部份，也有稱爲總管理處的，是一個報館行政的最重要的樞紐。指揮這部份行動的，或是總經理，或是社長，或是其他特設的名目，總之是一館的主要人物。這部主持的人，有的是大處着眼，祇從大綱節目上用心思。一切事務的實際工作，都付予處中各職員，分投辦理。有的是事無巨細，總必躬親，對於館中各部份職員的

主席委員，也約略有些相似。

事務，每天必悉心研究，並身自督察一切。這兩種辦法的孰長孰短，是另一問題，這裏且勿多贅。祇就這種辦事的情形說，大致和官廳部長署長，或公共機關或團體的常務主席委員，也約略有些相似。

從上述的四項的職務——(四)至(七)觀，前二項中所告訴我們的，是新聞事業乃商人事業的一種；後一項所告訴我們的，是新聞事業乃類似公務人員事業的一種。合起來一總說，就是新聞事業乃商業化而兼官場化的一種特別事業。要是再和首先所述三項的結論——新聞事業是一很清苦的事業，拿來歸併到一處。我們自己想想，同是一新聞事業，在那邊說是很清苦的，在這邊却又說商業化和官場化，豈不自相矛盾嗎？究竟新聞事業的真精神是什麼？我們還得再加一番精細的研究，才能明白。

(一)問題

1 新聞是什麼？

2 新聞和報有沒有分別？
3 什麼是廣義的新聞？
4 新聞事業的工具是什麼？
5 編輯和採訪的工作，有何不同之處？
6 報館排印的人們和尋常工廠的工人是否相同？
7 報館工作的人員，有何部份和商人相仿？
8 報館中做夜工的是些什麼人？
9 報館中祇日間服務的，是些什麼人？
10 主持報館中最重要事務的是什麼人？

本國新聞事業

郭步陶編著

上面所說七項，都是就職務的概況上觀察的所呈現的外表，似乎各有不同。但是所以成立此職務的根源，却仍是一個，從這不同的職務上，所造出的結果，也只有一個。譬如樹木，牠的枝，幹，葉，花雖有種種不同，牠的樹根總是一個，牠所產生的果實總是一樣。又如河流，牠的支，派，港，汊中間雖可有各種變遷，但是出水的源頭，總是一個，牠的去路，也總是滔滔汩汩，同向東洋大海而去。新聞事業中的採訪，雖有類乎官方之偵查探報以及一般的訪問集會，而主眼則在乎能得確有價值的新聞，編輯，論著，校對等，雖和書局或其他文藝機關的工作，沒有多大分別，但他們所努力的，是專要把新聞的實質，和新聞所發生的影響，迅速地昭示於羣衆。排版，印刷，雖在印書的工廠，和零印物的店家也可看見，但是這裏所專攻的，却僅爲發佈新聞的一種工具。至於廣告發行的商行爲，其目的仍在爲新聞而服務爲公衆而服務，而决非只以牟利爲大前提。庶務，會計，收發，總務等，雖和其他機關團體中職員名目頗相類似，但其職司，都以輔佐辦理新聞業務，而和尋常濫迹官僚的行徑，毫不相涉。照這樣說，上七項的公同歸穴，就在新聞二字。到此，我們可以進一步研究，什麼是眞正新聞事業了。

（1）新聞事業非個人事業　在初有報紙的時候，辦報的人，並沒有知道什麼是新聞學？每張報紙，祇做了些窗課式的文章，新聞材料很少，也很陳舊。後面補白的，多半是些斗方名士的詩詞。辦這宗報的，多是無所歸著的沒落文人。好一些的，把報紙當作發牢騷的處所，和結交詩文友的媒介。不好的，借報紙來漫駡，或借新聞來敲詐人們的錢財。總之皆以自私自利爲大前提，而把報紙當作達到目的的工具。這宗把個人主義去辦報的，無論他的報紙萬難辦得好，就是果然有些進步，也只能算是他個人事業的進步，決不能算是新聞事業的進步。近幾年來國人對於報紙稍稍加以注意，報館的組織也漸漸改進。在形式上，新聞的紙張已日加多，在物質上新聞社的設施亦遠勝於前。然考之實際，仍未能脫盡個人的範圍。這是中國新聞事業，對於世界各國，不免瞠乎其後的一大原因。其實這個道理，在三十餘年前，國人的熱心辦報者早已知道。梁啓超氏所作創辦時務報原委記中，有下列幾句話，把新聞事業的性質，說得非常透澈，現就抄錄下來，以作參證。

「公度，因強學會同事之人。憤學會之停散，謀再振之，亦以報館爲倡始。於是與穰卿啓超三人，日夜謀議此事。公度自捐金一千元爲開辦費，且語穰卿云：『吾輩辦此事，當作爲衆人之事，不可作爲一人之事，乃易有成。故無所謂集款，不作爲股份，不作墊款，務期此事之成而已。』」

這裏所引黃公度幾句話，對於新聞事業，可算有眞確的認識了。但是他們所辦的時務報，竟至半途夭折。梁啓超和汪穰卿，還因爲爭論創辦人的問題，大打其筆墨官司。記得梁氏駁汪文有云：

「穰卿之稱時務報爲彼創辦，不自今日始。當丙申夏秋間，海內鉅公同志提倡斯舉，捐款固多。當時我兩人商議，謂不可無謝啓。啓超謂將公啓內之五人作爲公函。凡有捐款者，五人公謝之。穰卿謂何必如斯？只我兩人出名足矣。凡此等館中雜務，向章皆由穰卿主辦，啓超不能爭也。自八月以後，凡有捐款者，皆穰卿一人出名函謝矣。其函中之言，猶夫本日國聞報告白之言也。蓋當初辦之時，早有據爲汪氏產業之計，而天下之人視此局爲汪氏產業也，亦已久矣。穰卿旣爲東家，則啓超雖欲辭傭工之名，豈可得哉？」

梁汪的是非，因爲梁氏隨即渡日，也就沒有人過問，現在我們也不必多加研究。祇就梁氏上面一段話看，新聞事業不應爲個人所私有，已很可以使人更加明白了。

(2)新聞事業非經商事業　報紙是可以販賣的一種物品，廣告也取相當代價，要說新聞事業，完全離開商業行爲，當然是不可能的。但若要把新聞事業，和其他一切商業，一體辦理，那又未免有違新聞學原理。因爲商業以能獲利爲原則，新聞事業則以有利於公衆爲原則，兩邊的出發點已迥不相同。要是分辨不清，把經商的方法，來辦新聞事業，一定把新聞的本身，弄得很低，甚至有和新聞學原理，大相違背的時候。譬如一新聞在這裏，本來沒有什麼價值的，但是爲了廣告主顧的請託，不能不登。或是一件最重要的新聞，熟識的商行，以爲和他有關，要求免登，我們看到生意來往的情面上，不能不昧着良心把牠去掉。該登的不登，不該去的偏偏去，他的報紙一定爲人看不起。這樣辦法，是很違背新聞事業使命的。話雖這樣說，現在的報社，合股組成公司的很多。資本多的幾十萬，少的三五千。職員工役，或數百人，或數十人。無論撰述或編纂，莫不聽命於總經理。這種情形，儼然是一大商行的組織。政府當作一特種商業看，學校的新聞學課程，也有列在商學院裏的。二十世紀的人們，大約都認新聞事業是商業的一種了。不過論到實際上，究竟新聞事業是新聞事業，商業是商業，不能併而爲一的。牠們天然的分界就是公和私的兩個字。認淸目標去盡力發揮，形式上，組織上，雖和商場有些相混，然而精神的爲公衆服務，要自有牠特異的一點。這是我們研新聞事業的，首先應認明的。

本國新聞事業

郭步陶編

（3）新聞事業非御用的事業　御用二字，可有狹義和廣義兩種看法：狹義的，是專指供給皇帝使用的意思；廣義的，是指作政府的或政府中某某要人的機關而言。如專制皇帝時代的史書，專爲一姓一家作賬簿，便是狹義的御用。現在中國是民國，當然不會有皇帝，這裏所說御用，自然不是狹義的解釋。譬如國民政府所辦的官報，各部或各省的廳局，有時也編印公報，宣布官場的條教號令，以及下屬所上的呈詞等，這就是廣義的御用了。官報和公報，誠然不能說牠們不在新聞事業的範圍以內，但精神上究竟和新聞學中所說的一般新聞事業，有些不同。因爲一般的新聞事業，是爲民衆作喉舌的，政府的官報或公報是爲官場作工具的。兩方的出發點，完全不同，所以他們的事業，也顯然有爲官或爲民的不能一致。不過編輯的藝術和印刷的形式，多相類似，要把官報和公報，一定推到一般新聞事業以外，也覺有所不可。可是話又要說轉來，一般新聞事業的範圍大，御用的官報和公報的範圍小，大可以包小，小不可以包大，所以我們終究說新聞的事業不是御用的事業。

有人說：現在世界的新聞事業，要想純粹爲民衆說話，而不受政府的支配，是很不容易的。譬如德國自希特勒執政後，報紙一天減少一天，要做新聞記者的人，都有某種限制，並特設法庭，以辦理新聞記者案件。處於如此情勢之下，新聞事業雖欲不爲政府御用，其可得乎？又蘇聯爲勞農政府的國家，凡民衆公共的事業，都由國家辦理。新聞事業，亦是民衆公共事業之一種，而於國際宣傳，尤爲國家需要甚切之工具，所以蘇聯之新聞事業，全爲國營，而非任何人們所得而私辦。是更把新聞事業作爲國有的專業，比較御用，又進一步了。此外一般資本主義的國家，她們的新聞事業，表面上雖說規模宏大一些，但在國內，沒有一個不受政府限制的，在國際，沒有一個不作政府工具的，難道這還不算實際的御用嗎？中國一切事情，都是隨世界潮流而轉變的，新聞事業亦必不能例外，怎樣還要斤斤計較御用不御用呢？唉！這些話，何嘗不是事實？不過中國現在，究竟還沒有做到蘇聯和希特勒的情形，各國在國際造謠的新聞政策，我們也甚反對的。所以國際新聞會議在西班牙京城開會時，我國代表曾提出三要點，希望此後國際能有正確的新聞傳佈。照這樣看來，新聞事業，在中國，究竟是不宜於御用的。

(4)新聞事業乃為社會服務的事業　新聞是社會中新發生的事實。事實的本身，不能向全社會中的人們，一一報告，而人們的心理，無論這事實和自己有無關係，總想爭先知道。但有時為情勢所阻障，有時為路途所限制，常常不能知道事實的真相。辦理新聞事業的人們，把這些人人想要知道，而沒有方法能夠知道的事實，多方搜求，仔細編纂，一一在新聞紙裏宣佈出來，使全社會的人們，出少許的代價，可以得道甚多的新聞。雖千萬里的路程，可以呈在目前，如同一室；雖千頭萬緒，棼如亂絲的情節，可以循序編排，自然看去，一目了然。這是就登載新聞上說，見得新聞事業是為社會服務的。

社會中發生的事件，總必有是非善惡的不同。善的說牠是，不善的說牠非，也是人的常情。但是有時明明知道牠是好或是壞，卻不能說出或不敢說出牠的好或壞的所以然。因此做善事的人們，覺得善事也沒有什麽好；做惡事的人們，覺得惡事也沒有什麽壞，大家都看得社會沒有一些是非曲直，誰又肯不顧一切，去做社會中有益公衆的事情？照這樣做去，世界將無公理可說，人類也要漸漸消滅了。辦理新聞事業的人，覺得這個問題，關係非常重大。所以一件新聞發生，必用冷靜的頭腦，明銳的眼光，細細審定牠的是非之所在，本着人人心目中所認定的道理，給牠一個公平判斷。就是那些新聞當中，或者隱藏着絕大勢力的阻碍，也一定本着大無畏的精神，予以口誅筆伐，而不稍畏縮。人世間的公是公非，於是靠着新聞事業，可以常常存在。這是就評論一部份說，見得新聞事業是爲社會服務的。

人類事物，萬有不齊。或自己有所需，不能不望社會的供給，或自己有所餘裕，又想向社會去尋覓售主，以及一切心意中想要向外面發表，或申訴的，固然可憑自己力量作種種的宣傳。但是爲時間和空間所限，總是用力多而收功少。新聞事業中有登載廣告的一項，就是供給上項需要而設的。祇須於當代法令無所違背，和社會全體沒有傷害的地方，出相當代價，便可隨自己的意思，宣佈出來，且在同一時間，能夠到達很遠的地方，呈現到很多人的眼中，除非你所希望的和事物的本身不能相稱外，總沒有不能達到目的的。這是就廣告一部份說，見得新聞事業是爲社會服務的。

(5)新聞事業乃一般事業的導師　新聞記者的天職，是監督政府，指導社會。所以社會中一切事業的是是非非，都要靠新聞記者來指正。新聞記者常站立在社會最前綫，對於百般事物，皆應有透過一層的觀察。一件有益於人羣的事情的形成，常須經過相當時期的培植；一件有害於人羣的事情的發生，也必經過若干時日的醞釀。在牠們將形成未形成將發生未發生的當兒，一般社會的人們常常分辨不清楚那一個是有益的，那一個是有害的，甚至把有益的當作有害的，有害的當作有益的。在他們自己，還以爲事情的真相原來如此，却不曉得他們助成或誣罔的罪惡很是重大。辦理新聞事業的人，本觀微知顯的精神，在事態未十分明著以前，便詳爲分析，細爲陳說，使一般社會的人們，知所從違。這是新聞事業中，評論方面，解釋新聞和創造輿論的一種最大功用，叫做導師可也不算過分吧？

一張報紙中，有世界的新潮，有國家的大勢，有成功人們的小傳，有失敗人們的供詞。社會中所共同欣賞的事迹，我們在報紙上看見了，便當細細研究牠所以爲人欣賞的理由，究在何處？一旦遇着相類的事情，我們便可照着他們的方法去做。有時在報紙上看見有罪惡的新聞，我們一方面固當存矜憫的心，一方面也當根究他們作惡犯罪的原故。萬一不幸我們的思想有時涉到和他們相類似的處所，我們便當自己儆戒自己道：「這不是被人唾罵，社會要加制裁的行爲嗎？上回看見報紙上登着，不是還替他們惋惜嗎？爲什麼我們還要跟着他們胡思亂想呢」？想到這裏，一定自己可以清醒一些，不至終於走到爲非作歹的一條路上去。世上有些黃色報紙，多載一些社會新聞，批評的人們便說牠是「誨淫誨盜」，其實也不一定都是這樣。祇要看報的人拏定「擇善而從不善而改」的方鍼，無論甚麼報紙，總可使人得到處世爲人的益處。至於新聞以外，所刊載的補白文字，有供人討論問題的，有準備爲人質疑析義的，有臚列各種文字，以供人欣賞或作恭餘酒後的談資的。其形式頗有類於各種科學的公開函授，其精神則爲活動的，實現的，不是其他任何補習學校所能備有。此外又有各種科學的專版，如醫學週刊，星期學燈等類，雖不一定和新聞一樣，天天都有登載，但是執筆的人，都是專門學者，所陳述多有統系，有心得，可以供一般從事這門功課者的研究。其程度大致和大學或研究院相彷彿，而比較書本的呆板陳舊，轉覺多些生氣，這又可以叫做特別導師。

(6) 新聞事業乃一切事業的縮影　新聞事業的本身，是沒有態度的。好像一面鏡子懸在空中，牠自家一些顏色都沒有着的，在牠底下的東西是好的，牠便照出好的形狀來，在牠底下的東西是壞的，牠便照出壞的形狀來。又好像一桿天平稱，放在大庭廣衆之中，牠自己的重量，和所稱的東西是不相牽涉的，東西的重量是八兩，稱錘在稱桿上所現的星點，便是八兩，東西的重量是一斤，稱錘在稱桿上所現的星點，便是一斤，絕對不能在東西原重外，有絲毫的多少。辦理新聞事業人們也是這樣，他們自己對於一切事業所發生的新聞，都是站在第三者地位，這事件是有新聞價值的，事件中雖有他們所甚疾惡的人，也不能不照着公衆意思，把他宣布出來，這事是沒有新聞價值的，事件中雖有他們所甚崇拜或甚愛慕的人，也不能違背大衆的公意，隨便登載出來。新聞事業的本身，完全以新聞價值多少，作他們前進發展的標準。所以新聞紙中的評論，無論對於任何人物的批評，或任何問題的討論，總必以大衆的意思為意思，以大衆利害為利害，絕對不容許有個人的成見　橫梗在胸中。又新聞事業是以新聞為主要原素的，所以一有為人類重視的事件發生，無論地方如何僻遠，情節如何複雜，辦理新聞事業的人，總必千方百計，把他搜求得來，一一宣佈於公衆，絕對不願有絲毫的遺漏。況且現在科學一天發達一天，交通一天便利一天，全世界中一有重大事件，新聞紙中無不繪影繪聲，盡情披露，幾千萬里的路程，幾乎可縮小像在一間屋子裏一樣。所以要觀察世界潮流的新趨勢的，不能不在新聞事業裏去留心，要知道任何國家的政治良惡，風俗好壞，以及一切事業的振作與否，都不能不在新聞事業裏，細心考察。這又是新聞事業關係於全人類的最重要的一點。

（二）問題

(1)新聞事業和個人事業，有無分別？

(2)營業報紙，是否合於報學原理？

(3)機關報何以常不為人們所重視？

(4)試說新聞紙和社會的關係。

(5)新聞紙的功效，何以比任何教育的功效為大？

(6)新聞記者對於一切人們的事件，應持如何態度？

(7)社會新聞，是否有害於人們？

(8)近世欲覘人國的，可從什麼地方注意？

(9)評論中何以有解釋新聞的一格？

(10)蘇聯的新聞事業，和世界各國新聞事業，有何不同之點？

本國新聞事業

郭步陶編著

二　本國的新聞事業

(甲)從縱的方面觀本國新聞事業

以往的新聞事業從何時起源？到何時形成？到何時漸漸興盛起來？到何時漸漸衰敗下去？到現在是怎樣一個狀況？到將來是怎樣一個趨勢？大致屬於報學史的性質，是一條直綫，從上往下看的。本書專就本國說，就依着上面所說的次第，分爲官府的新聞事業，和民衆的新聞事業兩大綱，一一分說如下：

(子)官府的新聞事業

(一)原始時期　在沒有書簡以前的時候，口頭所說的話，往往都有新聞的性質。尤其是歌謠，流傳的更爲寬廣而久遠。譬如葛天氏的樂歌八闋（註一），伊耆氏的蜡辭（註二），都是帝王的言論，好像官報的上諭的樣子。如唐虞時明良賡起的歌（註三），虞夏時的八伯卿雲和歌（註四），都是帝制時代君臣相互警戒，或勸勉的詞，和官報上的教令奏章等，頗覺有些相彷。至於擊壤歌（註五），康衢謠（註六）等，雖是民間歌謠，却都是做君主的自己到鄉間所聽得來的，可以說是官報中採訪的第一次創行了。這一段時間，便是官府新聞事業的原始時期。

註一、　呂氏春秋謂：葛天氏之樂，三人操牛尾，投足以歌八闋。一曰載民，二曰玄鳥，三曰遂草木，四曰奮五穀，五曰敬天常，六曰達帝功，七曰依地德，八曰總萬物之極。

註二、　伊耆氏有蜡辭之作曰：土反其宅，水歸其壑。昆蟲毋作，草木歸其澤。（見禮記郊特牲）

註三、　虞書益稷篇帝歌曰：股肱喜哉，元首起哉，百工熙哉。皋陶拜手稽首，乃賡載歌曰：元首明哉，股肱良哉，庶事康哉。又歌曰：元首叢脞哉，股肱惰哉，萬事墮哉。

註四、　尙書大傳舜將禪禹，於是俊乂百工相和而歌卿雲，帝倡之，八伯咸稽首而和。帝乃載歌曰：明明上天，爛然星陳。日月光華，弘於一人。

註五、　帝王世紀：帝堯之世，天下太和，百姓無事。有老人擊壤而歌曰：日出而作，日入而息；鑿井而飲，耕田而食。帝力何有於我哉？

註六、　列子：帝治天下五十年，不知天下治與？不治與？億兆願戴己與？乃微服游於康衢，聞兒童謠云：立我蒸民，莫匪爾極。不識不知，順帝之則。

(二)胚胎時期　伏羲畫卦，倉頡造字而後，朝廷上有了史官，於是左史記言，右史記事。記言的，好像報上的言論；記事的，好像報上的新聞。後來到了三代的時候，朝[illegible]之官員，分春秋二季，到民間去巡行。一面有警戒人們的意思，一面有訪問人民狀況的意思(註一)。這和現在的訪員出外採訪新聞，似乎沒有多大分別。又周朝時，民間的里巷歌謠甚多，平時由官府派人出去採集，天子巡狩到來，就把它獻了上去，借此可以觀看民風（註一）。現在詩經裏的十五國風，就是這類人們留下的成績。在國風各詩中，有描寫社會情狀的。如秦俗強悍，唐魏褊儉，鄭衞淫靡，都可在詩裏顯然看出。有批評國家政治的。如二南多贊美文王德化，王風多傷感愁思之作，又知碩鼠的痛恨貪殘（註三），隰有萇楚的深苦賦役（註四），更能將當時民生疾苦，國政廢弛的情況，盡量寫出。這宗地方，和報紙爲民衆服務的精神，又有什麼比不上？詩亡而後，各國都自有春秋，春秋是古時史書的通稱。這時史官的記事，都很愼重，不但聽見說，而且要多人看見的事，才肯把它記下（註五）。比現在一般以「有聞必錄」四字爲護身符的老槍記者　還好得多。在那時做史官的，多很認眞辦事，尤其是在國家有重大事故時，必拚命的批評。如齊太史對於崔杼的弒齊君，晉太史對於趙盾的弒晉君，都是把性命，和那時的威權者奮鬥，才把那當記的事，公開的記了下來。這宗精神，眞正是辦新聞事業的人們所萬不能少的。所以說，官府的新聞事業，在這時期，已經結成了正當的胚胎了。

注一、　遒人以木鐸徇於路，官師相規，工執藝事以諫，正月孟春，於是乎有之（見左傳引夏書）。三代周秦，軒車使者，遒人使者，以歲八月巡路，求代語童謠歌戲（見劉歆與楊雄書）。

注二、　至於列國之詩，則天子巡狩，亦必陳而觀之，以行黜陟之典。……風詩之所謂風者，多出於里巷歌謠之作。所謂男女相與詠歌，各言其情者也。惟周南召南，親被文王之化以成德，而人皆有以得其性情之正。故其發於言者　樂而不過於淫，哀而不及於傷，是以二篇獨為風詩之正。……（見朱熹詩經傳序）。

註三、　碩鼠共三章，首章云：碩鼠碩鼠，無食我黍。三歲慣汝，莫我肯顧。逝將去汝，適彼樂土。樂土樂土，爰得我所（詩經魏風）。

朱註云：民困於貪殘之政，故託言大鼠害己而去之也。

註四、　隰有萇楚共三章，首章云：隰有萇楚，猗儺其枝。天之沃沃，樂子之無知（詩經檜風）

朱註云：政煩賦重，人不堪其苦，歎其不如草木之無知而無憂也。

註五、杜伯之鬼，射殺周宣王，周人從者莫不見，遠者莫不聞，著在周之春秋。莊子儀之鬼，荷朱杖，擊燕簡公，燕人從者莫不聞，著在燕之春秋。祩子•桒袥觀辜，殪之壇上，宋人從者莫不見，遠者莫不聞，著在宋之春秋。羊觸中里徼，殪之盟所，齊人從者莫不見，遠者莫不聞，著在齊之春秋（墨子）。

（三）形成時期　上面所說，雖然都有合於新聞事業的精神。但是那時還沒有紙筆，凡有記錄，多半是刻在竹簡或木簡上，很覺費事。而且是在史書上記着，留給後人看，並不一定在當時可以公佈於大衆。所以祗能說有新聞事業的意思，究竟不能算是有新聞事的形體。後來到秦朝，蒙恬造了筆。到漢朝，蔡倫造了紙。到隋朝，才用雕版來印書（註一）。到宋朝才發明膠泥的活版（註二）。照這樣說，我們可以知道隋朝以前的中國官府新聞事業，是用抄寫作工具的。隋朝以後，可以用雕版印刷作工具了。宋朝以後，可以用活版作印報的工具了。但事實却不完全是這樣，原來用活版來印報，是到明朝才實行的(註三)。所以活版發明如此早，把活版用於新聞事業如此遲的原故，是因爲活版字體容易倒置(註四)，訛謬也較手寫或雕版爲多(註五)。後來知道活版印的快，也就終於樂用了。這是中國新聞事業所用的工具，和努力發明的成績，經幾千年的順序，逐漸前進，始能日趨於近代式的眞憑實據。決不是外國教士來到中國，我們才有新聞事業的工具；也決不是外國人在中國辦了報，我們才努力新聞事業的工作。我們研究新聞事業的人，應該認認淸楚，莫要方才開端，就「數典而忘祖」。

註一、隋開皇十三年，十二月，勅廢像遺經，悉令雕造。　　河汾燕閒錄

註二、慶歷中，有布衣畢昇爲活版，其法：用膠泥刻字，薄如錢脣。每字爲一印，火燒令堅。先設一鐵板，其上以松脂和紙灰之類冒之。欲印，則以一鐵範置鐵板上，乃密布字印滿鐵範爲一板，持就火燒之，藥稍鎔，則以一平面按其面，則字平如砥。若止印一二本，未爲簡易。若數十百本，則極爲迅速。常作二鐵板，一板印刷，一板自布字，此印者纔畢，而第二板已具，更互用之，瞬息可就。每

一字，皆有數印，如之也等字，每字有二十餘印，以備一板內有重複者。不用則以紙貼之，每韻爲一貼，木格之。有奇字素無備者，旋刻之，以草火燒，瞬息可成。不以木爲之者，木理有疎密，沾水則高下不平，兼與藥相粘不可取，不若燔土用訖再火令藥鎔，以手拂之，其印自落，不沾汚。　見夢溪筆談第十八卷，第七八頁。

註三、　憶昔時邸報，至崇禎十一年，方有活板。自此以前，并爲寫本。　顧亭林與公肅甥書。

註四、　宋本毛詩唐風內「自」字橫置，可證其爲活字版。　天祿琳琅

註五、　余家有活板蘇斜川集十卷，惟字大小不劃一耳。近日邸報，往往用活板配印，以便屢印屢換，乃出于不得已，即有訛謬，可以情恕也。　見書隱叢說第十三卷，第十二頁。

談中國新聞事業的人，總必回溯到邸報。究竟邸報是什麽？邸是諸侯在京城的官舍

（註一），好像現在某軍長某師長在京中所設的辦事處。邸報是諸侯派的人，住在京邸寄與諸侯的報告，或把諸侯的奏章轉呈到朝廷上的（註二）。這些報告，大致都是用手抄寫的。本來這宗舉動，不過是諸侯或疆吏，對朝廷政治的關心，個人圖謀消息靈動而已。世人所以認它為官報的濫觴者，固為諸侯或疆吏是官，傳達消息是新聞事業的一重要原素，而且這宗報告，都是很迅速的，和上面所說僅僅記在史書上，是大不相同了。

註一、　郡國朝宿之舍在京師者，率名邸。邸，至也，言所歸至也（漢書註）。

註二、　大鴻臚屬官有郡邸長丞。「註」主諸郡之邸在京師者也。按郡國皆有邸，所以通奏報待朝宿也。西漢會要第六十六卷，第十二頁。

邸報是何時開始的？一時還查不出證據。祇知道邸字在漢書史記中，已多發現。所以有人說：邸報是起於漢時。但邸報二字，漢時的史書中，並沒有看見。直到唐朝的集部中，才有說到的（註一）。不過那時的邸報，已經可以公開的供給大眾觀覽了。這是邸報的本身，已經由個人消息，進而為公眾消息。也就是邸報的功用，除很迅迅的傳達消息外，又添了一種公佈性，更加有合於新聞學的原則了。我們可以說：中國的官府新聞事業，到唐朝已依着正當的形成途徑，向前邁進。

註一、韓翃久家居，一日夜將半，客扣門急，賀曰：員外除別駕部郎中知制誥。翃愕然曰：誤矣。客曰：邸報，制誥闕人，中書兩進君名，不從，又請之。（全唐詩話第三卷，第十五頁。）

手寫新聞，從何時遞到雕版新聞？很難劃出一個顯明的界限來。不過我們可以知道，雕板是起於隋朝。到了唐朝，確有一種新聞紙，是用雕板印成的。這新聞紙的名稱，就是開元雜報。它的體例，是按日繫事，並沒有標題。雕本款式，是和唐人寫本差不多（註二）。唐朝的文人孫可之，曾作一篇讀開元雜報文，很覺得這樣報紙上所記的國家政局情形，他沒有親眼看見的可惜（註二）。這是就新聞批評政事，又和新聞學原則中「監督政府」的意旨，有些相合了。雖說雕本的新聞紙，開元以後，也沒有多少可以看見，然而開元時候，既然有這樣記事體例，這樣刊本形式的新聞紙印行，我們總可以說：中國的官府新聞事業，到唐開元時，已經規模粗具了。

註一、近有江陵楊氏，藏開元雜報七葉，云是唐人雕本。葉十三行，每行十五字。字大如錢，有邊綫界欄，而無中縫，猶唐人寫本，款式作蝴蝶裝。是影漫漶，不甚可辨。（中國雕本源流考）

註二、……有知書者自外來曰：此皆開元政事，蓋當時條布於外者。樵後得開元錄，驗之，條條可復云。然尚以爲前朝所行，不當盡爲墜典。及來長安，日見條報朝廷事者，徒曰：今日除某官，明日授某官；今日幸於某，明日畋於某，誠不類數十幅書。樵恨生不爲太平男子，及覩開元中事，如奮臂出間，因取其書帛而漫志其末。（唐孫樵讀開元雜報文之末一段。）

本國新聞事業

郭步陶編

(四)興盛時期　雕版新聞，上面已經說過，唐朝的開元雜報就是一種。就理論說，唐朝以後，及用活字版印報以前，所有的新聞紙，都應該是用雕版了。然而事實却又不然。宋朝的詔書裏，有「月以事狀錄付院，謄報天下」的語；(註一)明朝的典故，有「章奏卽得旨，諸司抄出奉行」的規定。(註二)這裏所說「錄」，「謄」，「抄」，都是手寫的代名詞。而顧亭林說：「憶昔時邸報，至崇禎十一年，方有活版；自此以前，並是寫本」。(註三)更覺可以證明　除開元雜報外，自唐宋以至元明，中國並沒有雕刻的新聞紙。因爲雕刻祇宜於印書，若全部的新聞紙都用雕刻，轉不如手寫的便了。

注一、宋熙甯四年詔，應朝廷擢用才能，賞功罰罪，事可懲勸者。中書檢正樞密院檢詳官，月以事狀錄付院，謄報天下。

注二、皇明典故紀聞「故事，章奏既得旨，諸司抄出奉行，亦互相傳報，使知朝政」。

注三、見顧亭林文集與公肅甥書。

清朝的政令施行，章奏傳布，手續上和明朝亦頗相彷，但邸報之名却從此消滅。繼之而起的，有塘報驛報京報良鄉報的四種：前兩種實屬同一性質而有兩名稱的，後兩種，屬於民間新聞事業，這裏且不多說。當時各省寄京的文報，由兵部派員駐省管理，名叫提塘，這是所以叫塘報的原因。由京發出的文報，分東西兩路，沿途由驛站轉遞，以達到應投的省份；各省寄京的文報，上面已說過，交提塘發遞，沿途也是利用驛站；所以把寄京寄省，一往一來的文報，都叫驛報。

塘報驛報雖皆有報的名，實際上，和現在的新聞紙相去甚遠。所以後來官員中有請恢復邸報的，(注一)客卿中也有一再請辦官報的，(注二)雖說都沒有成爲事實，而民間卻已有些人在那裏作新聞事業的運動，文廷式等在京所辦的強學書局和發行的中外紀聞便是那時很能鼓動人心的一種維新事業。但他們的人，加他們以「誹議朝政」的四個字，便輕輕地把門關了。然而，得了這個機會，官書局報官書局彙報却從此產生。同時上海的時務報也改歸官辦，督辦是派的康有爲。這三個報，都很有革新的精神，可惜沒有辦多少時候，就遇着戊戌政變，一齊都被撤廢了。

注一、清咸豐元年張芾奏請刊刻邸報，發交各省。奉諭，嚴行申斥。

注二、中日戰爭後，英人李提摩太向清廷上新政策，其中一再言創辦官報事。

戊戌政變後，康梁雖失敗，而清廷受創既鉅，又見日本立憲有效，遂於光緒三十二年，下詔預備立憲，同時依趙炳麟之請，創辦政治官報。在這前後三五年中，京外大員，爭辦官報，一部有一部的官報，一省有一省的官報，可算是官報極盛的時期了。當官書局彙報時，章程中，明明規定，「凡有關涉時政，臧否人物者，概不登載」。但到時務報改歸官辦時，孫家鼐所擬的章程裏面却有「仿陳詩之觀風，准鄉校之議政」等語。當時所奉的上諭，更有「所著論說，總以昌明大意，決去壅蔽爲要義，不必拘牽忌諱，致多窒礙」等云。可見同是一官報，能不能有眞正辦報的精神，也是不能一概而論了。

辛亥革命，民國成立，遜清的內閣官報沒有了，代替牠的，首爲武昌起義時的民國公報，次爲南京臨時政府成立時的臨時政府公報，次爲廣州政府的軍政府公報，就是袁氏稱帝，也有他的洪憲元年的政府公報。北伐成功，南京奠都，中央政府，與市省縣各政府，均各有其政府公報，其內容大半爲命令公文條例一切章規，幾與宮門鈔轅門鈔不相上下，這當然是做官人惟一歡迎的刊物了。

此外還有一般無形的官報。就表面上看，和民間所辦的報紙，似乎也沒有多大分別的，牠的主要人物，都是由官府指派而來的。所以牠的精神，牠的靈魂，總是專屬於官府。作者著此書時，這類報紙很多，幾乎每一都市都有，而且不止一家。至於臨時或長年受官府津貼，替官府作留聲機器的準官報或半官報的，那更多的不計其數了。我們就說中國官報的發達，今日已到極點，也未嘗不可。

（丑）民衆的新聞事業

（一）發動時期　自有人類以來，求知的慾望，是人人都有的。對於人們所要知的事物，予以供給，或加以監督和指導，便是新聞事業的惟一職責。在沒有文字記載以前，民衆的情形如何？且不多說。在堯舜時，民衆的意思，多半從歌謠裏表示。在前節中已略略說到，不過前節所說，重在人君的查訪，此節則重在歌唱的人們。所謂：「歌也有思，泣也有懷」，便是這個意思。當唐堯死的時候，堯的兒子不好，而舜有賢孝的行爲。天下的民衆，便不謳歌堯的兒子，而謳歌舜。因此那時君主的位，就由虞舜承繼下去。後來舜死的時候，他的兒子也不好，夏禹王一樣的由民衆謳歌訟獄，而得承繼了君位。但是夏禹王死了，他的兒子有賢德。民衆的謳歌，便和前兩朝不同，而來謳歌夏禹王的兒子。因此中國君主便創立了家天下的制度。我們想想，一個國家的傳授君位，關係何等重大，而操其取舍大權的，却在民衆的謳歌。要拿近代的事來比方，豈不是和從前英倫內閣政策，常視泰晤士報社論的主張而轉移，有些相彷嗎？

夏朝的家天下，雖由民衆謳歌而來，後來他的子孫夏桀無道，常常侵奪民衆的農功，剝削民衆的錢財，一時怨聲載道，桀反自己誇張道：「我的有民，和天的有日一樣，日如可亡，我才可亡」。民衆聽了他這一番話，十分痛恨，一時民間便發現一種流行語道：「時日何不喪？我們情願和你一道喪亡」。結果，夏桀終於喪失了他的四百餘年的國家。從此殷周兩朝，他們的得失天下，都和夏朝一樣，就是得民心的興，失民心的亡，絲毫沒有差錯的。記得周厲王時，民衆對他的殘暴，很不滿意，常有批評他的話，傳布民間。厲王知道了，便派人到民間去監察，遇着批評的人，便把他殺了。民衆對於殘殺，是有些怕的，在道路間不敢明言議論，但彼此怒目而視，以表示心裏的不滿。厲王沒有聽見民衆議論，自己很是得意。他的臣召公勸他道：「這樣一來，是君民間一大障碍。防堵民衆的口，比防堵河流還要厲害。河流壅塞久，一旦崩潰，傷害人物必多，民衆也是一樣。所以善治水的，必導之使流，善治民的，必宣之使言」。厲王不聽，後來畢竟爲民衆所驅逐，而逃死於外。這種壓迫民意的結果，和軍閥時代的武人，封報館，拿記者，而已身亦不爲淸議所容，豈不很相類似？

上面所說，都是民衆意旨不可輕侮的實例，也就是民衆報紙的精神，所最重要的一點。不過他們所憑借以發表民意的工具，祇是歌謠，祇是言詞，還沒有見之於書面。所以不能卽認爲眞正的新聞事業，而祇能說是新聞事業的意旨發動。

(二)醞釀時期　在春秋時，宋人的用謳歌諷刺戰敗，（注一）鄭人的在鄉校議政，（注二）其意義也和上段所說各事相似，可勿多贅。但是在這時候，已經有由言語而進至於書面的新聞事業的工作產生，就是孔子所删訂的詩書，和孔子所作的春秋。詩和春秋，在前節談官府新聞事業時，已經說過，爲何現在又拿來歸入民衆新聞事業裏？這也小小有個原故。詩經的國風，本來採自民間歌謠，因爲採此歌謠的人是官府所派的史官，所以列入官府新聞事業的一部份。但是在本段所說的詩經，是經孔子删訂後的詩經。那時孔子祇是一平民，並沒有受官府的命令，他所自定的標準是「思無邪」三字。這裏是就編輯而言，前節是就採訪而言，這也是不相同的一點。春秋本是古時史書的通名，但是孔子所作，和其他古史之名春秋的，又不是一樣。他有個總綱是尊王，他對於一切僭竊都要加以抑制。他的底本雖是魯史，但他的字誅筆伐，絕對和魯史是兩樣精神。孔子雖曾作過魯國宰相，但是他作春秋時，已經回復到平民身份，並不是以魯相之名義而修改魯史。又各國的春秋，是重在記事，孔子所作的春秋，是重在褒貶，有報紙上評論的意思。所以春秋之名雖同，而實質不相類。至於書經，本來也是古時的史書，乃史官所記的，論理也可歸入官府新聞事業內。但是本段所說，乃是孔子删定後的書經，荒遠無稽的傳疑史迹，都已無復存在。且以唐虞爲首，頗有重視揖讓的意。那時的孔子，雖有人尊之爲素王，而他並非史官，並非爲官府而從事删訂。他所做的工作，頗有合於新聞事業中的編輯工作，這是我們應該加以確切認識的。

廣告術是新聞事業中的一重要部份，在新聞事業還沒有具體形成的時候，似乎尙談不到此。然而中國平民中，早已有人於此闡精竭慮，以獨自進行。且在事實上能夠利用之收得很大的效果。這個平民是誰？就是中國平民革命的第一人，名叫陳涉，雖說他本沒有多大事功成就，而秦始皇的子孫萬世基業，却被他一呼而推倒，皇漢的四百餘年的天下，却由他發難而造成，所以我們對他，應該特別加以重視。他的廣告術，究竟是怎樣？說也可笑，在他自己，並不知道什麼是廣告術，就是讀史的人們，研究他一生，也找不到他和人談廣告的事。祇是他發難的前一夜，作了一件很新鮮很惹注目的事，就是一面叫人在廟中深夜作狐鳴，喊着「大楚興，陳勝王」六個字；一面叫人買許多魚，用布寫這六個字，塞進魚腹內，再到市上去賣。那時一方的人，夜間聽了人叫這六個字，午間買魚剖腹，又看見這六個字，於是不約而同的都來擁護陳涉作王了。陳涉自己不用向人演說，也不叫人四出運動，祇是這樣一做，他的發難，便告成功。你看他這廣告術，高明不高明。

注一、宋華元巡城，城者歌曰：「睅其目，皤其腹，棄甲而復。于思，于思，棄甲復來。」華元使輿人答歌曰：「牛則有皮，犀兕尚多，棄甲則那？」城者復歌曰：「從其有皮，丹漆若何？」

注二、　春秋魯襄公時，子產相鄭，鄭人議於鄉校，然明請毀鄉校。子產曰：「夫人朝夕退而游焉，以議國政，其所善者吾則從之，否則改之，是吾師也，奈之何毀之？」

本國新聞事業

郭步陶編

(三)形體漸備時期　照上面所說情形，漢朝司馬遷作的史記，唐朝杜甫白居易等所作的詩，都是有合於民衆新聞事業的意義，似乎可以不用多加解釋了。有人說：史究竟是史，詩究竟是詩，怎樣合於新聞事業？因爲司馬遷的史記，是通史，是把唐虞以至漢初的歷朝的史事，集合起來，作爲有統系的叙述，是有合於近代新聞學中綜合編輯法的。他的史記，雖承繼父業，但大部份材料，多是得之於他自己的游歷。他明明說出來的，如「余聞之董生云，」「余登箕山，其上蓋有許由塚云，」之類。這是他有合於採訪學的地方。杜詩多寫當時朝政，和民間疾苦，如哀江南石壕吏等篇，都是當時的實事。白詩於國家治亂，社會情況，多有專篇叙述，如長恨歌琵琶行等，都是一時爲人傳誦的。這些，豈不是和政治新聞，社會新聞有些相彷？史遷雖是漢之史官，杜甫雖做過唐朝工部的官，白居易雖做過唐朝的江州司馬，但他們的作史作詩，完全是以平民資格而著述的。我們試看史記裏面，失敗的項羽列入本紀，陳涉孔子而列入世家，游俠貨殖而列入列傳，便可知道史遷的平民精神是很濃厚的。又杜詩中有「少陵野老吞聲哭」之句，白詩淺顯易曉，一首詩成，婦孺都能朗朗上口，從這些地方，可以知道他們著作的平民化是怎樣了

平民的新聞事業，也是由歌詞言語，而至刻簡成書。漢唐時紙筆已發明，當是用手抄寫。無論是史是詩，都可說已成一種形體。不過私人著作，在當時不一定公之於大衆，和新聞事業的公佈性，普偏性，覺得不甚孚合。所以上面所舉的例子，我們祇可以說是含有新聞事業的意義，不能說那就是眞個新聞事業的表現。

到了宋朝，官府所辦的邸報中，漸漸地埋伏了民衆新聞事業的種子。因爲那時的邸報，傳佈消息，非常遲緩。在進奏院，每五日方成定本向樞密院進報，然後傳佈四方。邸中辦事的人，想要先得消息，就不等定本成，私自先把消息傳出，往往假稱爲家信，從驛站發出。他們的意思，是要爭先，和新聞定義的新字是很相合的。後來官府知道了

，便把定本革去，想要免去這個弊病。但是偸漏消息的人，並不因爲革去定本而罷手。無論是詔旨，或命令，或其他機要事件，他們一經看見，便爭抄寫在小紙上，立卽飛也似地報到四方去了。因爲紙小，便叫做小報。在那時候，朝中某人被召見，某人被罷去，某人升遷了某要職，以及其他政治的動作，往往還沒有實行，朝廷之間，已紛紛傳說：「見小報了。」在京外的府縣各地，也爭傳說：「小報到了。」到後來考驗一下，小報上的話，有時對，有時不對。因爲所傳的消息，有中途改換的，有臨行時，發生障礙，不能不擱置的。官府惱恨小報走漏消息，便說小報造謠生事，下令禁止。然而做這事業的人很多，有的叫做內探，有的叫做省探，有的叫做衙探，因爲小報被禁，便改換一個名稱，叫做新聲。實在還是和小報一樣的傳佈。這是民衆新聞事業，從意義而到具體的一個過程，總可算是一種進步的徵象了。

元明兩朝，邸報中雖曾有多少涉於民間的新聞消息傳播，而辦邸報的人，皆爲官吏終不能謂其和民衆新聞事業有關。到了清朝，邸報沒有了，繼起的是京報。從外形看，好像和邸報很相類似，但就實質考察，却是民辦而不是官辦，顯然不能和邸報歸在類。京報的材料雖然完全從內閣得來，而編印的人並不是官吏，發售的人也不是官吏。據北京報房的人說：「清初的時候，有南方紙鋪，名叫榮祿堂的，和內府的人很有交情，便私下得了些權利，能夠印縉紳錄和印賣京報。同時山東臨州府所屬的商人，把京報當作一種貨物，帶到西北各省去賣，銷路很好。他們覺得這事有利可圖，便在正陽門外，設立報房，發行京報，牠的性質，很像南方的信局。」我們想想，編印的是南方紙鋪的人，發行而設立報房的是山東商人，官家並沒有派一人管理，並沒有出一些資財去經營，所以我們可斷然說：京報是民衆所辦理的新聞事業。又清咸豐元年，張芾請刊邸報，曾奉諭旨申斥，有云：「國家設官分職，各有專司。逐日所降發諭旨及應行發鈔內外臣工摺奏，例由內閣傳知各衙門通鈔，即由各該管衙門行知各直省，或由驛站，或交堤塘分遞。該衙門自能斟酌緩急輕重，遵分妥辦，豈有各省大吏無從聞知之理？所有刊發鈔報，乃民間私設報房，轉向遞送，與內閣衙門無涉。」我們細看這通諭旨裏面所分辨的意思，對於京報的性質，當可更加明白了。

（四）漸次興盛時期　民衆新聞事業，到京報時，有編印人，有發行人，發行有一定的報房，推銷且及於遠方。在形式上看，和近代報館的組織，也相差不遠了。但是那時辦京報的人，那裏知道報紙和人們是怎樣的關係？不過把報紙當作一種貨物，靠牠賺些銀錢罷了。就内容來說，京報所載的，祇是些諭旨奏摺，宮門抄等，並沒有評論和民間新發生的事件，除一般作官的人們外，民衆很少閱看的。所以京報雖在清初已經產生，而考察中國報史的，總覺得可稱名實相孚的民衆報紙，必至清末同光間，才能算是眞正開始。

同光以前，外人在中國，已經辦了不少中文的報紙，在裏面辦事的，也多有中國人，但是我們祇能認牠是外人侵略中國的工具，決不能認牠是中國民衆的報紙。同十二的漢口昭文報，同十三的香港循環日報，同年的上海滙報，光二的上海新報，光十二的廣州廣報，總可說是中國民衆新聞事業的正式創始，形式與精神，都已和近代報紙，不相上下了。但是國內風氣未開，看的人太少，大半開辦不久，就自停刊。祇有循環日報勉強支持，到今還能繼續辦理，這裏自然也有一些理由。創辦這個報的是王韜，字紫詮，他在太平天國軍興時，曾上書楊秀清，後楊敗，清索王甚急，王無法，就隨了外人，逃往香港。他的心裏，還是始終想要革命。所以這報叫做循環，就是說革命事業，今雖失敗，不久仍當復起，好像一治一亂，總是相爲循環的。每天報上，他必作一論文，鼓吹改良政治。可惜地方偏在西南，內地人士，很難看見這張報紙，所以他雖十二分熱心鼓吹，在當時還是不能有多大影響於國事。直到甲午戰敗，全國人心震動，康梁等自南方發動，有桂學會之組織，文廷式等在北方崛起，又拿強學會，來相號召。康梁聽了這個消息，便到北方，併在強學會裏面，和文等一致行動。他們所辦的事業，就是開圖書館辦報館。那時在北京所辦的是中外紀聞，在上海所辦的是強學報。同時嚴復在天津辦國聞報，汪康年等在上海辦時務報，都很有精神，能夠鼓動一時人心。但是沒有多少時候，經過戊戌政變，康梁失敗，以上各報也不能存在。民衆新聞事業，方才開端，便受了這樣一個大打擊，也可算不幸到極點了。

康梁抱很大志願，而所得結果，乃並其身都不能見容於國內，中國民衆的新聞事業，還能有多大希望？然而康梁並不因此灰心，逃奔日本後，又出淸議報新民衆報以發揮他的主張。國人見康梁主張保皇，結果仍是爲愛親覺羅氏所欲殺，於是進一步而激起種族革命思想，更加堅決。這一派的領袖爲孫文氏，那時方從英國到日本。日本的人士，和民黨接近一些的，曾勸上面兩派人物合作，以求倒淸工作，容易成功。然而兩派領袖，終覺主張難於融洽，仍自各行其是。前一派名叫君憲派，新民叢報便是它的機關報，後一派名叫民主派，民報便是它的機關報。他們常在機關報上作文，互相詬駡。相駡的文章多了，有人把它集合起來，印了一本書，名叫君憲民主的筆戰。在這時候，中國民衆所辦的報紙一天多似一天，而所主張的，也顯然有君憲民主的不同。如香港的中國日報，上海的神州日報，天津的大公報北京的中華日報，東京的復報民報等便是主張民主的。香港的商報上海的時報天津的日日新聞北京的時報東京的新民叢報等便是主張君憲的。這種主張，兩派都旗幟鮮明，競爭劇烈，雖有時不免過於偏激，而有一公同的目的，是革命。所以都能精神飽滿，議論動人，爲中國新聞事業最有精彩的一時期。

(五)墮落時期　辛亥革命成功，外人譏之爲報紙革命，電報革命，話雖說得刻毒一點，實際上，多少地方的光復，是從報紙鼓吹，而弄假成眞的，也是儘有的。報紙的興盛，到此而極，報紙的衰敗，也就從此而起。民國成立，民黨報紙的有力人物都去做官，所留存的多是二三等人物，精神自然要較前差池了。清室既倒，君憲派因爲大勢所迫，不能不緘口結舌，民主派志得意滿，攻擊的目標已失，精神自必一天渙散一天。這都是民衆報紙，所以漸次墮落的原因。

革命不澈底，袁氏不肯實踐他的諾言，於是二次革命起，那時民黨的報紙有所表示，都被摧殘。二次革命失敗，袁家勢力大張，洪憲皇帝，雖僅如石火電光的一閃，而名記者黃遠庸氏，爲之而犧牲，亞細亞的御用報，爲之而再被炸燬。尤爲可笑是滬報到北京後竟有人特爲改印以蒙蔽袁氏耳目。然而袁氏終不爲輿論所容，多行不義，徒以自斃。全國報紙乃得倖免爲洪憲所汚。從此以後，軍閥爭權，十餘年中，戰無虛日。而每一軍閥得志・必壓迫報紙一次，應記的不敢記，應說的不敢說，簡直沒有一些報紙的精神。就形式上說，就物質設備上說，多像比清末的時候，有些進步，然而所進步的，祇是形式和物質設備，所以我們終不能不說這個時期是墮落的。

(三)問題

1. 康衢之謠出於民間，何以歸入官報的原始時期中？
2. 春秋二字作何解？牠的來源是在何處？
3. 中國報紙所用的工具，是否外國教士所帶來的？
4. 孫可之是否唐開元時代人？
5. 春秋和詩，何以官報時期民報時期都列入？
6. 手抄新聞，經過什麼期才到活字版新聞？
7. 邸報和京報有何分別？

民報在何時最有精神？其所以有精神之理由為何？

本國新聞事業

郭步陶編

(乙)從橫的方面觀本國新聞事業

(子) 量的概述

中國報紙的數量，是由少而多，漸次加增的。從前教會在中國所辦的報紙，且不計自清同光時有國人自辦報紙時起，至民國初年止，隨開隨關，殊少準確數目之統計。民國十年開世界報紙大會，紀事錄所載，全中國的報紙，計有一千一百三十四種。這裏面包含有旬刊，月刊，季刊，年刊等，單計日刊是祇有五百多種而已。過了五年，中外報章類纂社調查，單是日刊已經有六百二十八種。近數年來上海寰球中國學生會海報學雜誌社上海申報館北平燕京大學新聞學系均有相當調查，但新聞機關，無論是日刊，旬刊，月刊，或通信社，都是隨時有變動的，私人調查尤難十分準確。本書爲求比較可靠一些，多方探索，才得着內政部所登記的報紙數目，和黨部所登記的報館通訊社等的詳細記載，就此分別一一介紹如下：

(一)內政部第一次所登記的新聞紙雜誌　內政部在二十年九月，曾通令各省市地方凡是新聞紙和各種雜誌，都要到部來登記，並要把出版的刊物隨時寄部，以便審核。部裏的意思，是重在取締反動宣傳刊物的。下面所統計的，是從二十年九月起，到二十一年十二月三十一日止，所登記的數目：

(一)南京　日報四三，週刊一七，月刊二五，季刊二，不定刊一，通訊社二六，其他四一，未詳三。

(二)上海　日報二九，週刊二七，月刊六七，季刊九，通訊社八，其他二九，未詳二〇。

(三)北平　日報四三，週刊五，月刊一二，季刊不定期刊各一，通訊社二二，其他一二，未詳六。

(四)青島　日報一四，通訊社七，其他二，未詳一。

(五)江蘇、日報七八，週刊一〇，月刊八，季刊一，通訊社六，其他二七，未詳八，其他二八。

(六)浙江　日報六四，週刊一三，月刊一〇，季刊一，通訊社四〇，未詳一七，其他二八。

(七)安徽　日報一七，週刊三，月刊一，通訊社八，其他四。

(八)江西　日報一六，通訊社一二，其他六，未詳二。

(九)山東　日報一六，週刊三，月刊三，通訊社一二，其他一。

(十)山西　日報八，週刊九，月刊九，季刊二，不定期刊一，通訊社四，其他四，未詳一。

(十一)河南　日報一三，週刊一一，月刊一，季刊一，通訊社五，其他一。

(十二)河北　日報二六，週刊一二，月刊四，季刊二，通訊社六，其他六，未詳七

（十三）湖南　日報一八，週刊一一，月刊五，季刊一，通訊社五五，其他二二，未詳三。

（十四）湖北　日報六九，週刊一七，月刊五，季刊二，通訊社四七，其他二二，未詳三。

（十五）雲南　周刊一，其他一。

（十六）廣東　日報三八，周刊一一，月刊一二，通訊社二三，其他未詳。

（十七）廣西　日報八，月刊一，其他一。

（十八）青海　日報二。

（十九）察哈爾　日報四，周刊二，月刊一，通訊社一，其他一。

（二〇）貴州　日報三。

（二一）福建　日報六，周刊通訊社各二，其他一。

（二二）綏遠　日報四，月刊一。

(二三)甘肅　日報四，季刊二，通訊社一，其他二，未詳一。

(二四)四川　日報一二，周刊一，月刊一。

(二五)威海衛　日報一，其他一。

其餘西康甯夏陝西新疆等省，都還沒有聲請登記。

(上面統計，是根據二十二年十月二十九日南京新京報所記的。)

(二)內政部第二次所登記的新聞紙雜誌　自二十二年一月起，至八月止，依照出版法，到內政部登記的新聞紙雜誌，共二十六省市，一千四百三十種。分別記錄，大要如下：

南京一三二，上海一九九，北平九四，青島七，威海衛二，江蘇二〇〇，浙江一三一，安徽三九，江西一六，河南四五，河北一五三，山東三五，山西一二，湖南一〇五，湖北九二，雲南一一，四川六二，福建二一，廣東三六，廣西一〇，陝西六，貴州一，察哈爾四，綏遠三，甯夏一，甘肅一三，總計一四三〇。

（上面的數字，是根據二十二年十月三十日南京民生報所記的。）

（三）黨部所登記的報紙和通訊社　這裏所記，是從中央黨部宣傳委員會新聞科，於二十三年二月所編的「全國報紙暨通訊社一覽」中，擇要轉述的。在這裏面，有已經登記的，有尚未登記的，有還在核辦中的，有還沒有送稿審閱的，過一些時候，總還有許多變動，只好留到後來隨時修改了。

（一）南京　已領登記證的報紙，計有中央日報，新京日報，新民報，民生報，中國日報，華報，救國日報，三民導報，新中華報，朝報，大風日報，中國晚報，青白報，遠東報，邊事日報，寧報，黨軍日報，南京晚報，人民晚報，新南京晚報，南京晨報，南京早報，俠僕報，石頭報，大京報，吶喊報，呱呱報，菁報，小鋼報，南京晨鐘報，戲報，社會報，星光報，燕子週報，新藝報，工商報，京城報，國光報，社會晨報，南京晚報，民風報，南京人報，新中國報，中華京報，南京華僑報，京潮報等四十六家。未領登記證的報紙，計有正風報，正風晚報，新時日報，幹報，首都實報，農工週報，晨鐘報等七家。

已領登記證的通訊社，計有中央通訊社，日日新聞社，大中華通訊社，新西北通訊社，大道通訊社，誠言通訊社，光華通訊社，正氣新聞社，全球通訊社，國西電訊社，民族通訊社，大公新聞社，遠東新聞社，中原新聞社，時事電訊社，新新通訊社，南京通訊社，時時新聞社，大同新聞社，華僑通訊社，中國通訊社，南京邊聞電訊社，華特新聞社，南京多聞通訊社，亞東新聞社，江甯通訊社，國民公論社，鳴鳴通訊社，國光新聞社，東南通訊社，亞光通訊社，商業新聞社，國民新聞社，建國新聞社，現代新聞社，民權通訊社，捷新通訊社，時事通訊社，亞洲新聞社，大無畏新聞社，華夏新聞社，南京長江通訊社，東亞新聞社，太平洋通訊社，新聞通訊社，南京人通訊社，萬千通訊社，國聞新聞社等四十八家。未領登記證的通訊社，計有大陸新聞社，和平新聞社，新民通訊社等三家。

(二)上海　已領登記證的報紙，計有上海晨報，新夜報，上海民報社，申報，時報，新聞夜報，時事新報，新聞報，中華日報，上海商報，上海報，世界晨報，社會日報社，晶報，小晶報，福爾摩斯報，東方日報，星報館，報報館，明星日報，正氣報館，滬報社，大報，新浦東週報，英華獨立週報，浦東週報，大世界報，中國評論週報，市民報，浦東民報，上海公報，通商日報等三十二家。已請登記，現在（二月）還在核辦中的報紙，計有江南日報，上海甯波日報，時代日報，大晶報，羅漢報，瑰報，龍報，鐵報，新春秋報，上海午報，電聲日報，愛司羅漢報，民治報，國貨日報，平民晚報，中國日報，孔雀三日刊，浦東潮報，上海剪報，日日新報，工商週報，大江灣報等二十二家。尚未登記的報紙，計有影戲生活，大美日報，大美晚報，上海日報，大都會，世界羅賓漢，上海羅賓漢，物質救國報，社會新聞，潮流日報，南國，體育評論等十一家。

已領登記證的通訊社，計有中央通訊社上海分社，上海國民通訊社，華東通訊社，國聞通訊社，新聲通訊社，大白新聞社，上海新新通訊社，中國日日新聞社上海社，新上海通訊社，復興通訊社，中華通訊社，上海新聞社，滬聲通訊社，社會新聞社，華聯通訊社，上海大通新聞社，世界新聞社等十七家。已請登記而尙在核辦中的通訊社，計有大同通訊社，上海民力通訊社，申時電通訊社，遠東新聞社，民言通訊社，和平通訊社，實業通訊社，中華新聞社，外論通訊社，東北通訊社，又新通訊社，神州電訊社，大聯新聞社，出版新聞社，等十四家。尙未登記的，計有中國聯合新聞社一家。

(三)漢口　已領登記證的報紙，計有武漢日報，武漢夜報，漢口中西報，新民報，漢口國貨日報，震旦民報，正義報，時代日報，湖北地方日報，漢口華中日報，公論日報，大同日報，漢口新中華日報，漢口爲公日報，武漢時事白話報，新快報，武漢時報，漢口導報，國民晚報，漢口勁報，漢口楚報，壯報，漢口輿論報，湖北錦文日報，新漢口報，漢口鏡報，漢口鏗報，全民日報，新漢報社，工商日報，武漢晨報，新婦女報社，生力軍報，東方週報等三十四家。已請登記而尙在核辦中的報紙，計有楚化日報，漢口進化日報，漢口文化新聞週報，漢江日報等四家。尙未登記的報紙，計有漢口新聞報，進化，現代等三家。

已領登記證的通訊社，計有中央通訊社武漢分社，漢口新聲通訊社，湖北省政通訊社，漢口國光通訊社，江漢通訊社，中華憲政新聞社，光明通訊社，武漢通訊社，醒亞新聞編譯社，三民通訊社，漢口新聞社，秉公通訊社，武漢亞新新聞社，正俗通訊社，中國日日新聞漢口社，合作通訊社，漢口日日新聞社，武漢羣聲新聞社，國民新聞編譯社，湖北楚樵新聞編譯社，曙光通訊社，光聲通訊社，湖北刊江通訊社，中國逐日新聞社，白言通訊社，湖北迅雷新聞通訊社，漢口民權通訊社，爲華新聞編輯社，鄂評通訊社，導言新聞社，漢口每日新聞社，知行通訊社，湖北警政新聞社，湖北晨鐘通訊社，湖北鄂政新聞社，光黃通訊社，訓政通訊社，中國新聞通訊社，湖北民鐸新聞社，漢口大聲通訊社，合衆新聞社，漢口益世通訊社，華中通訊社，漢口梵鐘通訊社等四十四家。已請登記，而尚在核辦中通訊社，計有武漢國民通訊社，武漢通訊社，日新新聞社，等三家。尚未登記的通訊社，計有導羣通訊社，民國通訊社，遠東通訊社，強華通訊社，國防通訊社，鴻燕通訊社等六家

（四）北平　已領登記證的報紙，計有華北日報，華北晚報，北平晨報，世界日報，全民報，北平日報，北方日報，導報，卍字日日新聞，商業日報，北辰報，北平鉄道時報，誠報，中和報，實權日報，北平健報，小小日報，東方快報，小公報，老百姓報，實報，時言報，北平晚報，實事白話報，民治報，世界晚報，日知報，曦光報，正陽報，新實報，鑛業新聞社增刊日報，時報，小實報，北平新報，北平民聲報，河北民衆報，東方新報，新北平報，日新報，對抗三日刊，教育日報，孔道報，平津晚報，新社會日報，大聲報，民強日報，平民小報，國風報，北平進報，北平狐報社，社會時報，中國民報，北平窮報社，北平飛報，光明夜報，北平新華日報，今報，公民報，華北民報，北平通報，北平眞報，華北民強報，光明日報，平西報，河北民聲報，民聲週報，等六十六家。已請登記，而尚在核辦中的報紙，計有鐸聲日報，覺今日報，北平時報，快報，北平商報，兒童日報，新河報，等七家。尚未登記的報紙，計有京報，益世報，民國日報，羣強報，平報，新中日報，東亞時報，北平商報，中學新聞週報，大義報，北京滑開日報等十一家。

已領登記證的通訊社，計有中央通訊社北平分社，豐今通訊社，鑛業新聞社，大北通訊社，大陸通訊社，致中通訊社，新華通訊社，北平新中通訊社，中華通訊社，每日通訊社，東亞通訊社，統一通訊社，民輿通訊社，商學電聞社，民言通訊社，光華通訊社，建國通訊社，師大短波社，國民通訊社，大同通訊社，華北通訊社，和世通訊社，西北新聞社，正聞通訊社，新民通訊社，華聞通訊社，民聽通訊社，新亞通訊社，華光通社訊，新生通訊社，華民通訊社，北洋新聞社，震華通訊社等三十三家。已請登記而尙在核辦中的通訊社，計有民力通訊社，北方通訊社，捷聞通訊社，衆聞通訊社，快達通訊社，燕京通訊社，國際新聞社，世界通訊社北平分社等八家。尙登記的通訊社，計有和平通訊社，民強通訊社，北平新中通訊社，時聞通訊社，國光電訊社，等五家。

(五)天津　已領登記證的報紙，計有天津大公報，天津益世報，益世報晚刊，天津庸報，天津商報，國強報，華北晚報，治新日報，新天津報，天津時報，天津平報，天津大報，實事報，天津晶報，天津快報，天風報，津沽民報，天津晨報，天津午報，天津晚報，國權報，新天津晚報，新天津曉報，觀察日報，東陲報，大衆日報，天津明星報，天津中尚報，民族報，天津曉報，亢報，等三十一家。已請登記，而尚在核辦中的報紙，計有民報，民興報，大中時報，天津星報，天津實報，農民呼聲，民強報，復興報，燕報，時聞簡報，河北民聲報，天津實言報等十二家。尚未登記的，計有天津直言報，中華新聞兩家。

已領登記證的涵訊社，計有中央社天津分社，新大華電訊社，天津平民通訊社，遠東新聞社，天津華洋電訊社，天津光華新聞社，大陸報聞社，天津公言通訊社，天津民治通訊社，市民通訊社，中原新聞社，天津國風通訊社等十二家。已請登記，尚在核辦中的通訊社，計有中華新聞社，民興新聞社，天津今日新聞社，中國聯合電訊社，東北新聞社，異虹通訊社，中興新聞社，北方新聞社，經緯通訊社，新經緯通訊社，民中新聞社，新華新聞通訊社，中外通訊社，河北新聞社，津東通訊社，天津世界新聞電訊社等十六家。

（六）青島　已領登記證的報紙，計有青島民報，青島晨報，青島時報，青島日報，光華日報，新青島報，青島平民白話報，大中日報，青島公報，青島快報，正報，膠濟日報，磊報，工商新報等十四家。已請登記，而尙在核辦中的報紙，計有膠東晚報，膠澳日報兩家。尙未登記的報紙，計有平民報，青島自治週刊兩家。

通信社共有正聞通訊社，青島新聞通訊社，青島通訊社，青島膠澳通訊，青島民言通訊社，青島捷聞通訊，青島市馬頭通訊，新新通訊社等八家，均已領有登記證。

（七）廣州　已領登記證的報紙，計有廣州日報，廣州市民日報，公評報，廣州共和報，越華報，現象報，七十二行商報，大華晚報，星華日報，公道報，國華報，大報等十二家。已請登記而尙在核辦中的報紙，計有新國華報一家。尙未登記的報紙，計有廣州民國日報，廣州民報，司法日刊等三家。

已領登記證的通訊社，計有南風通訊社，覺悟通訊社兩家。已請登記，而尙在核辦中的通訊社，計博愛通訊社，嶺南通訊社兩家。

（八）江蘇　已領登記證的報紙，計有（一）鎮江蘇報，新江蘇日報，鎮江晨報，自強日報，三山日報，鎮江大江南晚報，鎮江金融報，新省日報，商情日報，江蘇晚報，江蘇省報，鎮江商報，鎮江市報，鎮江華報，光報，鎮江熱報，揚子江日報，鎮江快報等十七家。（二）徐州徐報社，新徐日報，徐州民報，我們的晚報，徐州導報，徐州日報，徐晨報州等八家。（三）武進中山日報，武進晨報，武進商報，武進新夜報，進武夜報，武進午報，武進恆報，常州鋼報，武進鉄報，常州晶報，武進敢報，常州新民報，武進新聲報，武進民報，常州晚報等十六家。（四）蘇州蘇州日報，蘇州明報，蘇州大公報，吳縣日報，吳縣工商日報，吳江日報，吳縣大風報，吳語報，吳縣市鄉公報，蘇州報，吳縣新蘇導報，吳縣震報，吳縣晶報，吳縣鍼報等十四家。（五）無錫新無錫日報，錫報，公報，國民導報，無錫民衆日報，人報，民報，無錫民聲日報，明報等九家。（六）揚州中華日報，江北商務報，大江北日報，江都民意日報，揚州日報，新民報，江淮新報，新揚報，揚州啓新報，正言報，江都民報，淮鹺報，淮揚日報，江都日報，江都報揚，江都正氣日報，綠楊日報，新江都日報，江都小晶報等十九家。(七)常熟琴報，常熟報日報，江蘇新生報，常熟民衆三日刊等四家。(八 泰縣江泰日報，江東日報，泰報，淮東報，姜聲報，泰縣海報等六家　(九)如皋皋報，如皋報，如皋導報，如皋民報，皋證報，如皋民聲報，如皋青光晚報，如皋鏡報，如皋民言報，如皋馬塘報，皋潮報，如皋覺報，如皋藝潮報等十三家。(十)南通通通日報，南通報，新江北日報，南通民報，南通大江北商報，南通通光日報，新南通日報，指南日報，五山日報，新生活報，南通新餘周刊等十一家。(十一)高郵淮南導報，淮海日報，高郵民國日報，春風報，珠湖報，民治報，大衆報，高郵江淮日報，高郵新報，大淮海報，高郵南強報，曉報等十二家。(十二)松江大松江報，松江茸報，松江大光明報，松江新浦潮日報，松江明星報，松江民衆日報，等六家。(十三)丹陽中山日報，丹陽時報兩家。(十四)靖江靖江日報，新靖江報，民衆日報，等三家。(十五)興化興化新報，興化興報社，興化平報，安聲報，興化興聲報，興化民報，興化公報等七家。(十六)宜興宜興品報，新宜興品報，新宜興日報，民報，宜興晨光報，宜興民聲報，宜興評壇等七家。(十六)海門師山日報一家。(十七)漣水，漣水日報一家。(十八)南匯，南匯民報一家。(十九)泰興，泰興民報，泰興民聲日報兩家。(二十)清江浦蘇北日報，江北日報兩家。(二十一)崇明崇民報，新崇報社，崇明海風報等三家。(二十二)青浦青浦民衆報，一家(二十三)鹽城鹽城民聲日報，新鹽日報，鹽城新公報，鹽城時報，鹽城民鐸報等五家。(二十四)豐縣，豐報一家。(二十五)江陰大聲日報，江陰正氣日報，朝報，江陰虎報，江陰誠報等六家。(二十六)淮安淮安明報社，淮報三日報，淮安楚報，淮安新淮報，淮聲周報，淮安民報等六家。(二十七)宿遷宿遷民報社，一家。(二十八)東海東海連雲報，海州日報，海報等三家。(二十九)太倉太倉日報，太倉平民日報，商鐸報，等三家。(三十)淮陰淮報，江淮日報，淮北日報，新商報，等四家。(三十一)沭陽大華報，一家。(三十二)東台民聲報，東台報，東台潮報等三家。(三十三)金山金山民衆報社一家(三十四)奉賢奉賢導報，海浦日報，奉賢民衆日報等三家(三十五)啓東啓民報一家。(三十六)嘉定，嘉定民衆報一家。(三十七)吳江吳江盛澤報，吳江同里導報，等兩家。(三十八)泗陽電波日報社，泗陽淮濱日報等兩家。(三十九)崐山崐山民報，新崐日報，精報等三家。(四十)江浦，江浦消息日報，淮陰民德報兩家。(四十一)溧水新溧水報，一家。(四十二)儀徵儀徵圩鏜報一家。(四十三)睢寧睢甯日報一家。(四十四)寶應寶應實光報一家。(四十五)句容新句容報，句容平報，兩家。(四十六)溧陽溧陽大公報，溧陽小報，溧陽天鐸報，等三家。(四十七)碭山碭山民報一家。(四十八)高淳淳報一家。(四十九)揚中揚中民報一家。以上共計四十九縣，已登記的報紙二百二十五家。已請登記而尙在核辦中的報紙，計有(一)蘇州，吳縣金聲日報，吳縣晚報，蘇星三日刊，吳縣雋報等四家。(二)鎭江，江蘇省醒報一家。(三)常熟，常熟大光報一家。(四)武進大觀報一家。(五)句容，句風容松報一家。(六)沛縣，沛縣日報一家。(七)啓東，新啓東報一家。(八)徐州，徐州公言報一家。(九)未詳，中華兒童日報一家。共計九縣，正在核辦登記的報紙十二家。尙未登記的報紙，(一)蘇州，新蘇導報一家。(二)常熟，每日新聞，常熟錢報兩家。(三)青浦青浦民衆一家。(四)徐州，徐州報鳴報，徐州公報兩家。(五)揚州，江都民報，通俗報兩家。(六)淮安，淮安日報一家。(七)高郵，淮南導報一家。(八)溧陽，民衆報，市鄉公報兩家。(九)海門，新海門報一家。(十)南通，南通民報一家。共計十縣，未登記的報紙，十四家。

已領登記證的通訊社，(一)鎮江，江蘇通訊社，蘇法通訊社，鎮聞通訊社，江蘇省聞通訊社，鎮江導民新聞社，鎮江時代新聞社，鎮江花鋒新聞社，華光新聞社，新聲新聞社，長江通訊社，京江通訊社，民聲新聞社，鎮江世界日新聞社，鎮江日日新聞社，鎮江江南新聞通訊社，鎮江潤州新聞社，鎮江省會新聞社，新大陸新聞通訊社等十八家。(二)南通，石港通訊社，南通金沙通訊社，南通青光通訊社，南通唐閘區通訊社等四家。(三)揚州，淮揚通訊社，揚州通訊社，邗濤通訊社，江北新聞通訊社，江淮通訊社，兩淮新聞通訊社等六家。(四)無錫錫山通訊社，無錫民衆通訊社兩家。(五)常熟每日新聞社，虞聲通訊社兩家。(六)淮陰江北通訊社一家。(七)徐州徐州光華通訊社一家。(八)邳縣友聲通訊社一家。共計八縣，已登記的通訊社三十五家。已請登記而尙在核辦中的通訊社，計有南通平潮通訊社一家。尙未登記的通訊社，計有鎭江蘇聲新聞社一家。

本國新聞事業

郭陶步編

(九)浙江　(一)杭州杭州民國日報(編者按已改東南日報)，杭州報，浙民日報，浙江新聞，杭報，浙江商報，全浙公報，警衛報，浙江潮報，夜商報，杭州人報，之江日報，蕭山民衆，兒童時報，新報等十五家。(二)甯波時事公報，寧波商報，寧波大晚報，寧波大公報，四明日報等五家。(三)嘉興嘉區民國日報，嘉興商報，嘉興民報，嘉興新篁報，嘉興大公報等五家。(四)奉化奉化新聞，奉化報兩家。(五)紹興紹興商報，一家。(六)吳興湖州公報，新湖報，湖州晚報等三家。(七)平湖小平湖人報，平民日報，平湖商報，城報，平湖民報，社會報，平湖小報，公聲報，平湖民言日報等九家。(八)蕭山蕭山民國日報，蕭山縣商報浙東公報等三家。(九)嘉善嘉聲日報一家。(十)硤石硤石晨報，硤石報，硤石商報等三家。(十一)海寧海寧民報，新海甯報兩家。(十二)金華浙東民報一家。(十三)麗水處區民國日報一家。(十四)衢縣衢縣民國日報，衢縣日報兩家。(十五)温州温區民國日報，温州商報，温州新報，甌海民報，新甌潮報，民衆日報，温州晨報等七家。(十六)餘姚餘姚民國日報，姚江日報，餘姚民報等三家。(十七)龍游龍游民報一家。(十八)嵊縣郯聲日報，嵊新民報兩家。(十九)常山，常山日報一家。(二十)海門海門公報，椒江民報，台州彙報等三家。(二十一)温嶺温嶺日報，横湖民報兩家。(二十二)鎮海、鎮海報一家。(二十三)臨海，台州民報一家。(二十四)東陽，東陽民報一家。(二十五)浦江浦江縣新光報一家。(二十六)蘭谿蘭谿新民報一家。(二十七)慈谿，慈谿公報一家。(二十八)新塍，新塍商報一家。(二十九)甯海，台民公報一家。(三十)黃岩，黃岩民報，潞河報兩家。(三十一)上虞，上虞聲三日報，新上虞報兩家。(三十二)崇德，新崇德民報一家。(三十三)江山，江聲報三日刊，衢江日報兩家。(三十四)桐廬，桐廬民報一家。(三十五)餘杭，餘杭報一家。以上共計三十五縣鎮，已登記的報紙七十九家。已請登記而尚在核辦中的報紙，計有(一)菱湖，菱湖日報一家。(二)甯海，甯海民報一家。(三)吳興，湖報一家。(四)寧波寧波民國日報一家。共計四縣，正在核辦登記的報紙四家。尚未登記的報紙，計有(一)杭州，中國醫藥日報一家。(二)甯海，甯海民報一家。(三)紹興紹興民國日報，紹興新聞兩家。(四)平湖新商日報一家。(五)諸暨，諸暨國民日報，一家。(六)黃岩，澄江報一家。(七)海鹽海鹽民報一家。(八)餘杭，新餘杭報一家。(九)德淸，德淸新聞一家。共計九縣，未登記的報紙十家。

已領登記證的通訊社，計有(一)杭州，浙江國民通訊社，社會通訊社，浙江大陸通訊社，西湖通訊社，長江通訊社，和平通訊社，春秋通訊社，浙事新聞通訊社，杭州正之新聞通訊社，邊區新聞社，中國國論通訊社，杭州商業通訊社，浙江華東通訊社，杭州國民新聞社，浙江大公通訊社，浙江工商新聞通訊社，民言通訊社，中南通訊社，光華新聞社，新民通訊社，中國新聞社，民風通訊社，浙江正誼通訊社，人道通訊社，聯合新聞社，公平通訊社，日新新聞通訊社，浙聲通訊社，東方通訊社，浙江新聲通訊社國光通訊社，浙江民生新聞社，澄明通訊社，浙江讜規新聞，浙江時代通訊社，浙江民治新聞社，大同通訊社，民聲新聞通訊社，公正通訊社，浙江公理通訊社，商聯新聞社，新聞通訊社，亞細亞新聞社，航聲通訊社，杭州旅華新聞社，浙江現代新聞通訊社，杭州旦華通訊，中國國聞新聞，光明通訊社，電馳通訊社，電透新聞社，浙江民知通訊，捷聞通訊社，大千通訊社，元元通訊社，杭州中國新聞社，杭州紐斯通訊社，中華通訊社，浙江無綫電通訊社，浙江東南通訊社，大達通訊社，中華航空通訊社，浙江商務通訊社，浙江時事新聞社等六十四家。(二)麗水。括蒼通訊社一家。(三)德清德清新聞社一家。(四)溫州甌海通訊社，中國新聞社溫州分社兩家。(五)諸暨，國民新聞社，一家。(六)蕭山，蕭山新聞社，蕭山新聞通訊社，農聲通訊社等三家，(七)嵊縣，嵊縣乘見通訊社，民聲通訊社兩家。(八)嘉興。東亞通訊社一家。(九)菱湖，菱湖新聞社，一家。(十)蘭谿浙東日日新聞，雲山通訊社兩家。(十一)金華浙東通訊社一家。(十二)溫嶺，溫嶺新聞社一家。(十三)平湖中國新聞社平潮支社，平湖新聞兩家。(十四)吳興，吳興新民新聞通訊社，中國國論通訊社吳興分社兩家。(十五)新昌，沃聲通訊社，新光通訊社兩家。(十六)海門台州國民新聞社一家(十七)昌化中國公理通訊社昌化分社一家。(十八)地址不詳的，民鐸通訊社，正論通訊社，浙江曙光新聞，正始通訊社，甯波通訊社，公進新聞社，每日新聞社，等七家。共計十八縣，已登記的通訊社九十五家。已請登記，而尚在核辦中的通訊社，計有(一)杭州杭州新聞通訊社，全浙江新聞通訊社兩家。(二)富陽中國國論通訊社富陽分社一家。(三)未詳，時事通訊社一家。尚未登記的通訊社，計有臨安通訊社一家。

(一〇)安徽　已領登記證的報紙，計有(一)安慶民喦報、新皖鐸報，安徽時報，皖聲報，安徽商報、安慶新報，皖國春秋日報，民報，國事快報，安徽民衆導報，安慶晚報，皖江晚報，大同報等十三家。(二)蕪湖蕪湖導報，皖江日報，蕪湖中江報、蕪湖工商日報，蕪湖新報，安徽旭報等六家。(三)蚌埠皖北時報，大淮報兩家。(四)巢縣，巢縣日報一家，(五)大通新大通報一家。(六)貴池新民日報一家。(七)歙縣皖南日報，安徽練江報兩家。(八)屯溪徽州日報一家。(九)阜陽阜陽日報一家。(十)亳縣亳民導報一家。(十一)當塗當塗日報，當塗民報兩家。(十二)績溪，績溪周報一家。(十三)全椒正覺三日刊，野聲報兩家。(十四)壽縣，壽光一家。以上共計十四縣，已登記的報紙三十五家。已請登記，而尚在核辦中的報紙，計有(一)蚌埠蚌埠商報一家。(二)望江望江新聞一家。(三)舒城舒城導報一家。(四)六安皖西通俗日報一家。(五)無爲無爲小報一家。(六)廬江廬江三日刊一家。(七)宣城宣城日報一家。(八)泗縣泗縣民報一家。(九)合肥皖中日報一家(十)桐城桐城三日刊一家。(十一)未詳，安徽商業日報，社會日報，淮聲日報等三家。共計十一處，核辦登記的報紙十三家。未登記的報紙，蚌埠皖北日報一家。

已領登記證的通訊社，計有(一)安慶皖光通訊社，安徽平明通訊社，安徽民生新聞通訊社，江南通訊社，安徽大觀通訊社，民治通訊社，民族通訊社，安徽國民通訊社，皖聲通訊社，大江通訊社，正誼通訊社等十一家。(二)貴池民智通訊社一家。(三)祁門祁門通訊社一家。(四)嘉山明光新民通訊社一家。(五)南陵大工通訊社一家。(六)蚌埠曙光通訊社一家。(七)未詳，民衆新聞通訊社，安徽時聞通訊社兩家。共計七處，已登記的通訊社十八家。已經登記而尙在核辦中的通訊社，計有(一)安慶電雷通訊社，安慶醒民通訊社，安徽民言通訊社等三家。(二)望江望江新聞社一家。(三)臨淮現代通訊社一家。(四)蕪湖，蕪湖大公通訊社一家。(五)未詳，大同電訊社，博聞通訊社，新光通訊社，定遠通訊社，皖聲新聞通訊社，光明通訊社，眞實通訊社、醒民通訊社等八家。共計五處，正在核辦登記的通訊社，十四家。

(一一)江西　已領登記證的報紙，計有(一)南昌新聞日報，江西正報，南昌商報，南昌商情日報，江西晚報，南昌商務日報，江西工商報，江西實業日報等八家。(二)九江九江民國日報一家。(三)萬年姚西醒報一家。(四)玉山，玉山民聲報一家。(五)安福安福縣民報一家。(五)贛縣贛州雙江日報一家。(六)豐城劍鋒報一家。共計六處，已登記的報紙十四家。已請登記而尙在核辦中的報紙，計有(一)南昌時代報，江西民報，眞實報，江西商民日報等四家(二)玉山贛東民國日報一家。(三)廣豐廣豐民國日報一家。(四)未詳，南城競進日報民意報兩家。共計四處，在核辦登記中的報紙八家。尙未登記的報紙，計有(一)南昌民國日報，江西晨報，掃蕩日報等三家。(二)九江九江新聞日報，九江日報兩家。(三)贛縣贛南民國日報，新贛南報兩家。(四)浮梁景鎭市民日報一家。(五)高安高安曙光日報一家。(六)吉安吉安商報一家。共計六處，未登記的報十家。

已領登記證的通訊社，計有南昌，江西電訊社，國民通訊社，章貢通訊社，江西智仁勇新聞社，江西時事通訊社，江西京贛新聞通訊社，中國通訊社，南昌民智新聞社等八家。已請登記而尙在核辦中的通訊社，計有南昌光明通訊社，贛省通訊社兩家。

(一二)湖北　已領登記證的報紙，計有(一)沙市荆沙日報，現代日報，沙市民報社，沙市覺民日報，沙市鋼報等五家。(二)武昌武昌國難報一家。(三)漢陽武漢新世界報一家。(四)武穴武穴日報一家。(五)枝江枝江民衆報一家。(六)蒲圻蒓報一家。共計五處，已登記的報紙十家。已請登記而尙在核辦中的報紙，計有廣濟廣濟中山報一家，尙未登記的報紙，計有(一)沙市新沙市日報，長江商務報兩家。(二)宜昌工商日報一家。(三)南漳南漳中山周刊一家。共計三處，未登記的報紙四家。

已領登記證的通訊社，計有(一)武昌宣言新聞社，新世紀通訊社，中蘗通訊社，覺民通訊社，湖北愼言通訊社，武漢民族新聞通訊社，啓民通訊社，大振中外新聞通訊社，武漢亞光新聞社，湖北農村通訊社，鄂聲通訊社，武漢王道新聞社，鴻燕通訊社等十三家。(二)沙市舉直新聞社，采風新聞社兩家。(三)漢陽強華新聞通訊社一家。共計三處，十六家通訊社。

(一三)湖南　已領登記證的報紙，計有(一)長沙湖南民國日報，湖南國民日報，湖南全民日報，湖南大公報，長沙市民日報，湖南通俗日報，霹靂報，湖北婦女日報，長沙正報，前鋒報，小小報，長沙夜報，湘聲晚報，長沙市晚報，卡爹斯報，晚晚報，湘江晚報，湖南晚報，成報，楚聲報，長沙渌江星報，導報，湖南兒童時報，銘新日報，長沙民報，瀟湘新報，湖南樂羣報，西路軍日報，湖南治平日報等二十九家。(二)衡陽衡陽國民日報一家。(三)桃源國民日報，通俗報兩家。(四)邵陽邵陽日報一家。(五)安化安化民報一家。(六)溆浦溆浦民報一家。(七)岳陽岳陽民報一家。(八)芷江芷江民報一家。(九)沅陵沅陵民報一家。(十)黔陽黔陽民報一家。(十一)來陽來陽民報一家。(十二)衡山衡山通俗報一家。(十三)華容華容民報一家。(十四)永順永順民報一家。(十五)平江平江民報一家。(十六)辰谿辰谿民報一家。(十七)石門石門三日刊一家。(十八)鄷縣鄷縣民報一家。(十九)瀘溪瀘溪民報一家。(二十)新甯新甯民報一家。(二十一)瀏陽瀏陽日報一家。(二十二)汝城汝城民報一家。(二十三)藍山藍山民報一家。(二十四)綏甯綏寧民報一家。(二十五)東安東安民報一家。(二十六)道縣道縣民報一家。(二十七)安仁安仁民報一家。(二十八)未詳，剿匪三日刊一家。共計二十八處，已登記的報紙五十七家。已請登記而尚在核辦中的報紙，計有(一)長沙長沙小報，大晚報，南嶽日報等三家。(二)醴陵醴陵淥江星報一家。尙未登記的報，計有(一)長沙現代日報，敢報，湖南國華報，新聞夜報，晨光，永明民報六家。(二)祁陽祁陽報一家。(三)

湘潭湘潭民報一家。(四)常德常德民報，常德大公報兩家(五)澧縣澧縣民報一家。(六)洪江湘西新報一家。(七)邵陽魔笛報一家。(八)沅江沅江民報一家。(九)桂陽桂陽民報一家。(十)寧遠甯遠民報一家。(十一)資興資興民報一家。(十二)安鄉安鄉民報一家。(十三)新化新化民報一家。(十四)未詳，晨報，消防兩家。共言十四處，未登記的報紙二十一家。

已領登記證的通訊社，計有(一)長沙湖南通訊社，蘭心通家社，長沙求是通訊社，長沙新聞編譯社，湖南大中通訊社，長沙試試通訊社，長沙星星通訊社，長沙三餘通訊社，咸宜通訊社，湖南消防通訊社，長沙和平通訊社，時事新聞社，航空通訊社，毅文通訊社，湖南四維通訊社，湖南三民通訊社，湖南治平通訊社，湖南萃湘通訊社、湖南新聞社，長沙振導通訊社，湖南博文通訊社，三湘通訊社，企予通訊社，湖南醒民通訊社，長沙日日通訊社，大道通訊社湖南分社，自立通訊社，湖南光明通訊社，大明通訊社，樹誠通訊社，月旦通訊社，湘江新聞社，大陸通訊社，心聲通訊社，明明通訊社，求實通訊社，力行通訊社，湖湘通訊社，促進通訊社，達聞通訊社，神州通訊社，亞陸通訊社，正誼通訊社，捷眞新聞社，商事通訊社，交通通訊社，大同通訊社，洞庭通訊社，環球通訊社，公道通訊社，正言通訊社，新民通訊社，湖南光華通訊社，亞東新聞社，湖南歐亞通訊社，潭州通訊社，大成通訊社，非非通訊社，嶽麓通訊社，少年新聞社，大江通訊社，實是通訊社，厥中無綫電通訊社，湖南日聞通訊社，廣波通訊社，牖民通訊社，湖南多聞通訊社，湘聞通訊社，長沙青年新聞社，東亞通訊社，模範通訊社，長沙新聞社，通俗新聞社，湖南曙光通訊社等七十四家。(二)衡陽湖南通訊社，中南通訊社兩家。(三)醴陵醴陵通訊社，淥江新聞社兩家。(四)祁陽祁陽通訊社一家。(五)瀏陽淮川通訊社一家。(六)邵陽湘中通訊社一家。(七)新安湘光通訊社一家。(八)未詳，日新通訊一家。湖南自治通訊社，正道通訊社，日新通訊社，等四家。共計八家，已登記的通訊社八十六家。

(十四)四川　已領登記證的報紙，計有重慶四川晚報，重慶新民日報，重慶晚報，渝江晚報，重慶商務日報，四川權輿日報，民強日報，巴蜀日報等八家。已請登記，而尙在核辦中的報紙，計有（一）重慶大江日報，四川晨報，嘉陵江日報，新蜀報，重慶民快報，新中國日報，重慶新中華晚報，重慶濟川公報等八家。（二）萬縣萬州日報一家。(三)成都震宗新聞報，成都國民日報，成都國民日報，成都明是日報，國民公報，成都國難日報等六家。（四）綏定綏定公報一家。（五）未詳四川午報，西蜀晚報，社會日報，平民化報等四家。共計四處，核辦登記的報紙二十家。尙未登記的報紙，計有（一）成都川報，快報，新新新聞報，統一日報，成都新聞報，大同晚報，西方夜報，錦官夜報等八家。（二）重慶新中國晚報一家。（三）廣安廣安日報一家。（四）瀘縣瀘縣民報一家。（五）岳池新岳池報一家。（六）渠縣渠縣公報一家。（七）開縣開縣公報一家。（八）古藺新古藺週刊一家，共計八處，未登記的報紙十五家。

已領登記證的通訊社計有（一）重慶新世界通訊社，民權通訊社，勵商新聞社，東方新聞社，民衆新聞社等五家。已請登記而尙在核辦中的通訊社，計有（一）重慶新聞編譯社，交通通訊社，人民通訊社，福民通訊社，青年通訊社，時聞電訊社，新生命通訊社，重慶電訊社，重慶國難通訊社等九家。（二）成都強國新聞社，三民新聞社，民智新聞社，新國民通訊社，新興通訊社，成都通訊社，等六家。（三）大足大足通訊社一家。（四）未詳民國通訊社，江聲通訊社，新聲通訊社，民力通訊社，維新通訊社，秋陽通訊社，合作電訊社，新聞電訊社，新聲通訊日刊，大聲通訊社，蜀光通訊社，大江通訊社，中國通訊社等十三家。共計四處，正核辦登記的通訊社二十九家，尚未登記的通訊社，計有成都建設社，益民社，先聲社，新墾社，自強社，中國社，時代社，剷匪社，安川社，農宗社，新川社，正志社，西尙社，新中華社等十四家。

（十五）雲南　已領登記證的報紙，計有（一）昆明昆明市政日刊，民生日報，雲南新報，雲南新商報，雲南均報，雲南義聲日報，民衆公論社等七家。已請登記而尙在核辦中的報紙，計有（一）昆明雲南社會新報，雲南復旦日報兩家。（二）箇舊箇舊曙光一家。（三）開遠開遠國民週報社一家。共計三處，核辦中的報紙四家。尙未登記的報紙，計有(一)昆明雲南民國日報，大無畏兩家。（編者按，頃見八月二十三日大無畏報註明已領到登記證書。）

(十六)貴州　已領登記證的報紙，計有貴陽新黔日報，民衆日報兩家。

(十七)廣東　已領登記證的報紙，計有(一)茂名高州民國日報，一家。(二)汕頭汕報，汕頭正報，兩家。(三)梅縣梅縣日日新聞，一家。(四)興寧興寧時事日報，一家。(五)江門五邑民權日報一家。(六)潮安潮安大光晚報，潮安新報兩家。(七)新會新會民衆日報一家。(八)清遠民意日報一家。(九)海康雷州民國日報一家。(十)揭揚揭揚民國日報一家。(十一)長沙埠開平日報一家。共計十一處，已登記的報紙十三家。已請登記而尚在核辦中的報紙，計有(一)汕頭汕頭民聲日報，汕頭國聞報，僑聲日報，徵報，汕頭鏡報，汕頭誠報，汕頭準報，汕頭民治報，汕頭新嶺東日報，嶺東民國日報等十九家。(二)陽江兩陽新民日報，一家。(三)海口海口市黨務週報一家。四)韶州曲江民國日報一家。(五)清遠清遠日報一家。(六)潮安潮安韓聲報，潮安商報，潮安大風晚報等三家。(七)台山民衆日報，台山民國日報，台山南華日報等三家。(八)未詳四邑新商報，民報，恩開時報，四邑民國日報，鶴八報等五家。共計八處，核辦登記中的報紙二十五家。尚未登記的報紙，計有(一)佛山南海民國日報(二)電白電白縣黨部週刊一家。(三)海口瓊崖民國日報一家。(四)潮安新建設報一家。計共四處，報紙四家。

已領登記證的通訊社，計有(一)潮安潮鐘通訊社，南華電訊社，潮安華聲通訊社等三家。(二)南澳南鹹通訊社一家。共計兩家，已登記的通訊社四家。已請登記而尚在核辦中通訊社，計有(一)汕頭汕頭工商通訊社，時事通訊社，鮀海通訊社，潮聲通訊社新潮通訊社，大中華通訊社，汕頭平民通訊社，汕頭電通訊社，汕頭疾風通訊社總社，民衆通訊社，嶺南通訊社，東江通訊社，華南通訊社，華夏通訊社，嶺東通訊社，僑星通訊社，國貨通訊社，等十七家。(二)潮安潮安南方通訊社一家。(三)未詳，五邑通訊社，民鋒通訊社，新聞協作社，四邑霹靂通訊社等四家。共計三處，未登記的通訊社二十二家

本國新聞事業

郭陶步編

(十八)廣西　已領登記證的報紙，計有(一)桂林桂林民國日報，桂林教育日報兩家。(二)梧州梧州民國日報，梧州大公報兩家。(三)南甯南林民國日報一家。(四)鬱林鬱林民國日報一家。(五)百色百色民國日報一家。(六)龍州鎮南民國日報一家。共計六處，已登記的報紙八家。已請登記而尚在核辦中的報紙，計有賀縣民衆日報一家。尚未登記的報紙，計有龍州龍州民國日報一家。

(十九)福建　已領登記證的報紙，計有(一)福州東方日報，現代日報，新聞日報，教育館民衆日刊，國光日報，福建日報等六家。(二)廈門華僑日報，廈門日報兩家。(三)漳州漳州日報一家。(四)龍溪新民日報一家。(五)福清福清民衆日報一家。(六)南平北閩導報一家。(七)沙縣沙光週報一家。共計七處，已登記的報紙十三家。已請登記而尚在核辦中的報紙，計有(一)福州福州新週刊社一家。(二)廈門廈門民國日報，江聲報兩家。(三)晉江石聲日報一家。(四)泉州泉州日報一家。(五)沙縣沙縣文化報一家。(六)平和平報一家。共計六處，核辦中的報紙，七家。尚未登記的報紙，計有(一)福州福建民報，福建覺報，公論新報，福建政治日報，思明商學晨報，思明商學夜報，警鐘評論，華僑商報等八家。(二)廈門廈門民報，思明報，廈門商報等三家。(三)莆田奮興報一家。(四)未詳醒報一家。共計四處，未登記的報紙十三家。

已領登記證的通訊社，計有福州民言通訊社，民強新聞社，快導通訊社，快捷通訊社三家。尚未登記的通訊社，計有福州福州快聲社一家。

(二十)河北　已領登記證的報紙，計有河北醒民日報一家。已請登記而尚在核辦中的報紙，計有(一)大城時事簡報一家。(二)唐山唐山新聞報，唐山公報兩家。(三)獻縣獻縣晶報一家。(四)順義順義日報一家。(五)河間河間民報一家。(六)保定保定競進日刊一家。(七)武邑武邑報一家。(八)永平永平民報一家。(九)趙縣趙縣民衆報一家。(十)石門石門日報一家。(十一)徐水徐水時聞簡報一家。(十二)新河新河黨聲一家。(十三)

安國安國啓民報一家。（十四）青縣青縣民聲一家。（十五）獲鹿獲鹿民衆簡報一家（十六）石家莊救國日報一家。共計十六處，核辦中的報紙十七家。尚未登記的報紙，計有（一）保定河北民報一家。（二）曲周曲周週刊一家。

（二十一）山東　已領登記證的報紙，計有（一）濟南國民日報，山東日報，濟南城報，平民日報，晨光日報，山東經濟午報，山東通俗日報，濟南大晚報，民聲報，銀河晚報，濟南晨報，遠東新聞日報，山東通俗晚報等十三家。（二）煙台東海日報，膠東卍報黨，鐘聲報等三家。（三）威海衞黃海潮報，一家。（四）臨沂魯南日報一家。（五）萊陽萊陽聲報一家。（六）安邱安邱民報一家。（七）臨淸臨淸日報一家。（八）章邱章邱民報一家。共計八處，已登記的報紙，二十二家。已請登記，而尚在核辦中的報紙，計有（一）威海衞醒民日報，醒華日報，新日報等三家。（二）濟南濟南晚報，山東民國日報兩家。（三）烟台烟台青年一家。（四）泰安泰安黨聲一家。（五）未詳；北魯日報，冀魯日報，山東救國日報三家。共計五處，正在核辦中的報紙十家。尚未登記的報紙，計有（一）濟南華北新聞一家。(二)威海衛威海日報一家。(三)聊城東昌新聞一家。(四)日照新日照報一家。(五)汶上汶上週報一家。(六)荷澤荷澤民報一家。(七)曹縣新曹縣報一家。(八)嶧縣嶧縣黨報一家。(九)平度平度黨政週報一家。(十)棲霞棲霞黨政週報一家。(十一)滋陽滋陽黨政週報一家。共計十一處，未登記的報紙十一家。

已領登記證的通訊社，計有(一)濟南齊魯通訊日刊，濟南新聞通訊社，華北新聞社，濟南大陸新聞通訊社，公言通訊社，民生通訊社，民國通訊社，中國像傳通訊社，濟南正聞通訊社，山東快聞通訊社，山東合作通訊社，山通通訊社，山東民聲新聞社，濟南益世通訊社，即墨經濟新聞通訊社，濟南時代通訊社，濟南通訊社，濟南啓民通訊社等十八家。(二)歷城山東和平通訊社，一家。(三)東昌東昌新聞社一家。共計三處已登計的報紙二十家。已請登記而尚在核辦中的通訊社，計有(一)濟南濟南大公通訊社，一家。(二)泰安岱光通訊社一家。

(二十二)河南　已領登記證的報紙，計有(一)開封河南民國日報，河南民報，新河南報，河南晚報，河南午報，現代報，廣智日報社，河南大豫日報，河南晨報，河南民聲日報，靈報社，鏡報，河南自治報等十三家。(二)鄭州鄭州日報，鄭州大東商報，兩河商報，大華晨報等四家。(三)新鄉豫北日報一家。四)潢川豫南日報，一家。(五信陽豫南民報一家。(六)尉縣尉氏民報一家。(七)河洛河洛日報一家。(八)郾城警鐘日報一家。(九)駐馬店社魂日報一家。(十)安陽安陽民聲日報一家。(十一)汜水汜水民報一家。(十二)南陽宛南民報一家。(十三 鄧縣鄧縣湍聲報一家。(十四)通許通許民報一家。(十五)太康太康民報一家。共計十五處，已登記的報紙三十家。已請登記而尚在核辦中的報紙，計有(一)汝南汝南民報一家。(二)修武修武民報一家。(三)汲縣新汲縣報一家。(四)鄧州鄭州華北日報，一家。(五)方城方城民報社一家。(六)未詳，與中晨報，河南商報，自治壁報社等三家。共計六處，核辦中的報紙八家。尚未登記的報紙，計有(一)開封河南教育日報，河南日報兩家。(二)杞縣杞縣週報一家。

已領登記證的通訊社，計有(一)開封和平通訊社，河南通訊社，新豫通訊社，兩河通訊社，新新通訊社，河南大梁通報社，河南公言通訊社，啓民通訊社，正誼通訊社，大華新聞通訊社等十家。(二)洛陽河嶽通訊社，一家。共計二處，已登記的通訊社十一家。已請登記而尙在核辦中的通訊社，計有(一)滑縣滑縣三日訊聞社一家。(二)未詳，三日新聞社，河南政治通訊社，大同新聞社等三家。

(二十三)山西　已領登記證的報紙，計有(一)太原山西日報，晉陽日報，太原日報，太原晚報，太原華聞晚報，幷州新報，太原希世新報等七家。(二)高平長平民報一家。共計兩處，已登記的報紙八家。已請登記，而尙在核辦中的報紙，計有(一)晉城晉城迪報一家。(二)祁縣明報一家。尙未登記的報紙，計有(一)太原富強週報，小孩報兩家。(二)太谷太谷星期報一家。

已領登記證的通訊社，計有(一)太原大同通訊社，新新通訊社，華聞通訊社三家。已請登記，而尙在核辦中的通訊社，計有鄉村建設通訊社一家。

(二十四)陝西　已領登記證的報紙，計有(一)西安西京日報，民意日報，兩家。

(二)榆林上郡報社一家。(三)未詳，西北朝報一家。已請登記而尚在核辦中的報紙，計有西安新秦日報，長安晚報，西北文化日報三家。尚未登記的報紙，計有南鄭博報一家。

已領登記證的通訊社，計有西安中央通訊社安分社，邊聞電訊社，黃河通訊社三家。

(二十五)甘肅　已領登記證的報紙，計有(一)蘭州甘肅民國日報，一家。(二)平涼新隴日報一家。(三)天水隴南民聲日報一家。已請登記而尚在核辦中的報紙，計有(一)蘭州西北日報一家。(二)岷縣甘肅民言報一家。(三)未詳，河西日報一家。尚未登記的報紙，計有(一)隴西隴西民報一家。(二)武威五涼之聲一家。(三)酒泉駱關週報社一家。(四)徽縣徽光週刊一家。(五)秦安新秦安週報一家。

已請登記而尚在核辦中的通訊社，計有(一)蘭州北平正聞通訊社蘭州分社，蘭州民間通訊社兩家。(二)未詳，民與通訊社一家。

(二十六)甯夏　已登記的報紙，計有(一)甯夏甯夏民國日報，新甯日報兩家。

(二十七)青海　已登記的報紙，計有青海青海民國日報一家。已請登記而正在核辦中的報紙，計有青海日報一家。

尚未登記的通訊社，計有青海通訊社一家。

(二十八)綏遠　已登記的報紙，計有(一)綏遠綏遠日報一家。(二)歸化，綏遠西北實業日報，綏遠民國日報兩家。(三)歸綏綏遠朝報，綏遠通俗日報，社會日報等三家。(四)包頭包頭日報一家。共四處，已登記的報紙七家。

已登記的通訊社，(一)綏遠綏遠通訊社，西北通訊社兩家。(二)歸綏歸化通訊社一家。已請登記而尚在核辦中的通訊社，計有西北電訊社，河套通訊社，塞北通訊社三家。

(二十九)察哈爾　已登記的報紙，計有(一)張家口商業日報一家。(二)涿鹿涿鹿間日報一家。(三)懷安懷安曉報社一家。(四)懷來懷來民報一家。(五)延慶延慶民報一家。已登記的通訊社，計有張家口西北通訊社一家。

（三十）哈爾濱　已登記的報紙，計有東北市聲報，哈爾濱新報，哈爾濱畫報等三家。已登記的通訊社，計有華東通訊社一家。

（三十一）香港　計有東方日報，南華日報，工商日報，天南日報，循環日報，大光報等五家。中央通訊社香港分社一家。均尚未登記。

照上所列，全國報紙數量，已大致齊備，所欠缺的，只有被日人奪去的山海關以東各地。去年上海新聞報的天津通訊，有一次談到僞治下的東北新聞事業，列有一表，正可作本書補缺之用。就此抄在下面，我們也可以看見亡省後新聞事業是如何狀況了。九一八後，東北原有報紙停版的多，新出的也不少，表中有〇的，都是九一八後新出的報紙。

九一八以後東北報紙狀況表

出版物名稱	地點	性質	發行方面	備
〇大亞公報	瀋陽	中立，不過爲日僞宣傳。	華人王希哲主辦，日刊兩大張半。	東三省公報改稱。

○奉天公報	瀋陽	爲僞國宣傳。	日人三田主辦，日刊兩大張。	該報卽係前此新民晚報化身
○奉天日報	瀋陽	爲日僞宣傳。	華人王冷佛主辦，與僞立法院趙欣伯有關日刊兩張。	東三省公報化身。
民醒時報	瀋陽	爲僞國宣傳。	華人張某所辦，日刊兩大張。	該報出版有年，今則改變態度。
盛京時報	瀋陽	爲日僞宣傳。	日人菊池貞二主辦，與鐵軍部均有關日刊三大張。	
泰東日報	大連	爲日僞宣傳。	日人阿部所辦，日刊三大張。	
滿洲日報	大連	爲日僞宣傳，有時以營業立場紀載新聞。	日人所辦，日刊三大張。	該報在東北銷數最多。
關東日報	大連	純爲日僞宣傳。	日人主辦，日刊兩大張。	
東邊日報	安東	純爲僞國宣傳。	商會主辦，日刊一大張半。	
○撫順日報	撫順	純爲僞國宣傳。	僞國協合會主辦，日刊一小張。	
○大同日報	洮南	純爲僞國宣傳	洮南縣府主辦，日刊一小張。	

○瀋陽市報	瀋陽	純爲僞瀋陽市署宣傳。	瀋陽市公署主辦，月刊一册。	
○吉林日報	吉林	純爲僞國宣傳。	吉林省長公署机關報，日刊兩大張。	該報即前此吉長日報化身。
東省日報	吉林	純爲日僞宣傳。	日人所辦。	
大同日報	長春	純爲僞國宣傳。	華人王希哲任社長，日人任編輯局長，日出三大張。	該報前身，即大東報，爲日人沒收歸僞國辦理爲主要机關報。
○大同週報	長春	純爲僞國宣傳。	社長華人，週刊一册。	
○延邊日報	延吉	純爲日僞宣傳。	社長日人，日刊兩大張。	該報爲前此民聲報化身。
○富錦新聞	富錦	純爲日僞宣傳。	社長日人，日刊一小張。	
黑龍江民報	黑龍江	純爲日僞宣傳。	社長日人岩田，日刊兩大張。	該報即前此黑龍江民報，省府机關報。
○龍江新聞	黑龍江	純爲日人宣傳	社長日人，日刊一大張半。	

○黑河市報	黑河	純爲日僞宣傳。	社長華人，日刊一小張。該報即前此黑河日報化身。
國際協報	哈爾濱	在日勢力下，以營業立場經營。	社長張復生，日刊兩大張半。
哈爾濱公報	哈爾濱	純爲僞國宣傳。	社長關鴻翼，日刊兩大張半。
濱江時報	哈爾濱	純爲日僞宣傳。	社長范介卿，日刊兩大張半，發行消閒錄一小張。
東三省商報晚刊	哈爾濱	以營業爲立場，不過專爲日僞宣傳。	社長王學臣，日刊一小張。
午報	哈爾濱	純爲小報性質，無一定宗旨。	社長趙郁卿，日刊一小張，及筆畫畫報一小張。
大北新報	哈爾濱	純爲日僞宣傳。	社長山本喜雨路，日刊兩大張，週刊畫報一小張。
○哈爾濱五日畫報	哈爾濱	純爲日僞宣傳	社長王岐山，五日中畫報一小張，及文藝刊一小張。

這個表，見二十二年十二月五日上海新聞報。

本國新聞事業

郭步陶編

(二)質的檢討

講到質，無論什麼東西，都有有形的質，和無形的質，新聞事業也是一樣。編輯，印刷，發行，廣告以及館內外一切建設，都是有形的質。辦理新聞事業的精神，便是無形的質。民國以來，新聞事業的量數，既日有增加。質的方面，雖不能全國一致的平均進展，可是幾個大都市，如上海天津等地的報館已多用捲筒機印刷報紙，印兩大張的報紙已很普通，三張四張的亦不少，在本埠，還有增刊或圖書等送看，多至六七張的時候，也是常常有的。編輯的方法，多由舊的呆板方式，改爲新的綜合方式，即有未全改的，也漸漸向着新的方向走。從前批評中國報的人說：「政治新聞多，社會新聞少，外來的新聞多，自己採訪的新聞少。」現在已不是這樣了。各報對社會新聞都甚注意，編輯社會新聞把題目也作得很醒眼。從前的訪員，在本埠多是一般老槍記者，現在另組採訪科，多聘請有學識的記者担任。從前對世界消息，大半不甚注意，自歐戰後，漸知世事重要，今則各國情報，每佔要聞欄的一大部份。其餘如附張趨重學術化，評論有設部研究的趨勢，都不能不算是近年來可以看得見的進步。廣告隨市塲榮枯而消漲，自然近年農村破產，外貨侵入市場傾銷，百般商行，皆受莫大打擊，商家的廣告，遠不如從前的踴躍。然而廣告藝術，則較之從前，進步甚多，如甚麼明星選舉啦，甚麼商標競賽啦，看去非常熱鬧，花樣日有翻新，不單是格式和文字奇異動人已。從這些地方，都可以看見報紙時代化的一斑。發行的數目，却沒有多大進展，少的銷幾百份幾十份甚至幾份的都有，最多的似乎還沒有超過二十萬份以上。不要說，比英美的報紙差得遠，就是比日本的大阪東京的每日朝日等報，也還趕不上，這是我們所十分慚愧的一點。

一個報館的內部組織，繁簡很不一致。在內地各處的地方報紙，祇要有二三能作文章的人做編輯，一人做校對，一人發寄報紙，兼管賬，有一二個用人，便可開得出一家報館了。至於中等的省會，或較大一點的地方，報館的房子租得大一些，有幾千或近萬的款來作資本。請一位總編輯，主持編輯部的事。兩三個編輯，分辦本外埠新聞，和文藝附刊等事。繙譯校對再有一兩人，便就可以敷衍了。營業方面，發行，廣告，會計，庶務各請一人，做社長的人，要是精明強幹，便自己領個頭，組成一有精神的營業部。不然，便另請一人作經理，或營業部長，社長祇是作個大少爺，不時來看看，便算完事。報紙印得少，或僅幾白份，不到一千份，平板機卽可勉強應用。要是幾千份，有近萬的趨勢，一架小型的捲筒機，似乎必需要用了。排字的多少，自然須看出報的張數而定，不過既是自印，一架鉛字，五六位排字的人，總是少不了的。至於資本較寬裕，組織較周密的，天津的大公益世，上海的申報新聞報，當可算得一個，其次黨報的較爲著名的，如南京的中央日報杭州的東南日報，上海的晨報等，都也有相當的基礎。現在就把申新兩報的組織系統，和黨報的組織系統，分別寫在下面，以便大家參考：

申報組織系統表

總管理處

- 稽核
- 文牘
- 編輯部
  - 電報
    - 各省電報
    - 通信社電報
  - 外埠緊要新聞
  - 地方新聞
  - 本埠緊要新聞
  - 本埠社會新聞
  - 教育（另闢體育欄）
  - 商業
  - 商船
  - 文藝
  - 本埠附刊各組
  - 圖書編輯
- 廣告部
  - 普通
  - 西商
  - 附刊
- 發行科
  - 外埠批發
  - 本埠批發
  - 直接定戶（分國內國外）
  - 門市

- 營業部
  - 特種發行
    - 申報月刊
    - 申報年鑑
    - 其他
  - 會計科
    - 收入
    - 支出
  - 庶務科
    - 管理紙張油墨
    - 採辦貨物
    - 衛生
- 印刷部
  - 活版科
    - 新聞
    - 廣告
    - 書版
    - 西文
  - 印刷股
    - 印報
    - 印書
    - 機器
    - 煎膠
    - 電力
  - 製版股
    - 紙版
    - 鉛版
    - 銅版
  - 鑄字股
    - 銅模
    - 澆字
    - 鎔鉛

（二）新聞報組織系統表

- 總理處
  - 總務課
  - 文牘課
  - 設計課
  - 統計課
  - 稽核課
  - 會計課
  - 出納課
  - 準備課
  - 收發課
  - 庶務課
  - 編輯部
    - 電訊科
      - 收電股
      - 譯電股
    - 外埠科
    - 本埠科
    - 經濟科
    - 教育科
    - 文藝科
      - 雜著股
      - 圖書股
    - 繙譯科
    - 校對科
      - 新聞股
      - 賣告股
    - 考核科
    - 採訪科
    - 藏書科

- 營業部
  - 廣告科
  - 發行科
    - 躉報股
    - 定報股
    - 躉票股
    - 定票股
    - 承印股
    - 售版股
  - 推廣科
- 印刷部
  - 印刷科
    - 印報股
    - 承印股
    - 切訂股
  - 活版科
    - 新聞股
    - 廣告股
    - 刻字股
  - 澆鑄科
    - 紙版股
    - 鉛版股
    - 鑄字股
  - 機械科
    - 印機股
    - 電機股
    - 煎膠股
  - 製版科
    - 銅鋅股
    - 銅牌股
    - 賽銀股
    - 木土股
  - 物料科

（三）黨報組織系統表

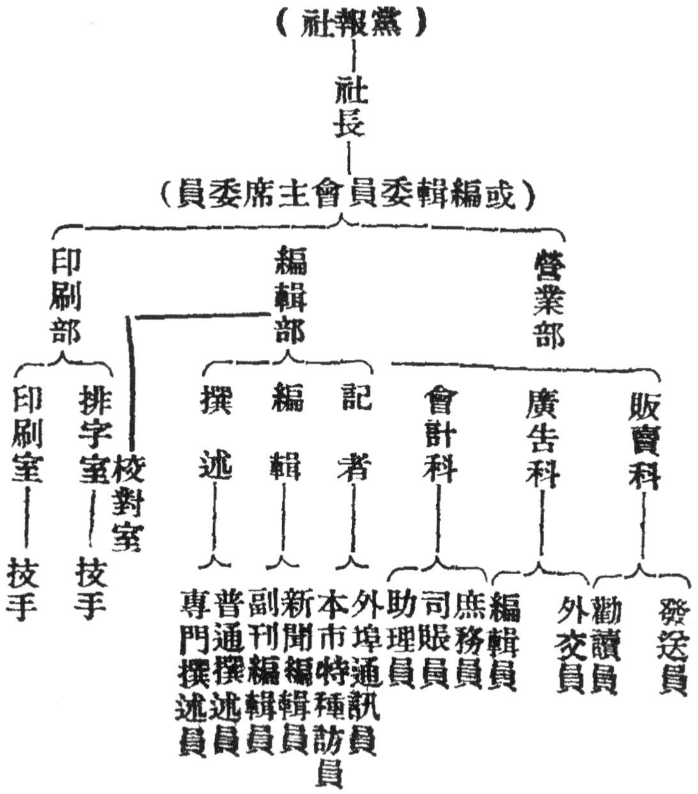
（黨報社）
社長
（或編輯委員會主席委員）
印刷部
編輯部
營業部
印刷室
排字室
校對室
技手
技手
撰述
編輯
記者
會計科
廣告科
販賣科
專門撰述員
普通撰述員
副刊編輯員
新聞編輯員
本市特種訪員
外埠通訊員
助理員
司賬員
庶務員
編輯員
外交員
勸讀員
發送員

（甲）重要都市的新聞事業比較　中國可稱重要都市的，從前曾作都城的北平，現在正作都城的南京，預備將來作都城的西安，都可以算是一個。可是就實際說，北平的黃金時代，是已過去了。就在從前作都城的時候，也不過多幾家報館，部院的消息，比各省靈動一些。眞正氣派大的報館，還是不多。有幾千或幾百塊錢，便可以開報館，託書店或印刷舖排印，便可出報，甚至每日祗出幾十張報的都有。這種情形，簡直和內地沒有多大分別。所不同的祇是政治中心所在，做報的人的背景，和尋常有些兩樣而已。自中央政府南遷後，這種重要性，已漸漸失去，所以在那裏的新聞事業，也不能算是怎樣十分發達。南京雖說曾作過前朝京城，但是清末民初，以至民十七以前，那裏的新聞事業也很平常。固然是爲近在咫尺的上海所掩蓋住了，一半也是地近江北，市面不甚興盛之故。近幾年來，國都既然定在那裏，政治新聞都要從那裏產生，辦新聞事業的人，自然都要把眼光集汼到那裏了。於是報館啦，通信社啦，就一天多似一天，如中央日報民生日報（近因事，民生已停版）等都有好幾千份的銷數，中央通信社規模宏大，消息徧中外，在現在中國的通信社中，總算首屈一指了。祗是重要的官府，離得太近了，報紙的說話記事，都有些爲難。重要的報紙，因而常常沒有評論，記起事來，什麼紀念週啦，演說詞啦，長篇累牘，總是不厭其詳。所以有些人說：現在的中國日報有些雜誌化了。西安也是從前幾朝作過都城的地方，不過拿現代的眼光去看，不免陳舊一些。幾次兵爭，歷年荒旱，更使它減色不少。所以自民元以來，那裏報紙並不甚多。然而自從定作陪都以來，建設一切，頗多努力。從前辦上海民國日報很著名的邵力子，又從甘省移陝作主席，新聞事業自然益加提倡。報館有西京日報，通信社有邊聞電訊社，對於開發西北，調查邊地情況，確曾有些貢獻。西京日報所登的廣告（注一），對於這層，很是注意。雖說廣告終究是廣告，只要事實能向這一方面往前去做，西安的新聞事業，終是有希望的。

注一：東北淪陷，國難日深。今後民族生存之出路，則開發西北，實不容緩。本報創設西京，旨在紀載西北實情，溝通東南文化，以供給國人關心西北之翔實材料。內容取材，尤多蒐集關於西北各種富源，實業建設等類之調查統計，每日必有選登。並於整個之西北，如陝甘綏寧新等省，各地重要消息，俱儘量採訪披載，匯為西北新聞之大成。……陸續增加榆林漢中平涼蘭州寧夏西寧歸綏成都各地專電，肅州哈密迪化塔城等地的航空快郵，選登西北各地風景名勝金石拓片等銅版。……

（摘錄西京日報廣告）

此外還有浙江的杭州，雖非都城，而以距南京上海都近，自來得風氣很早。在清末的時候，就有杭報，杭州白話報，危言報，警鐘報等的組織。民國以來，曆年都有新的報社成立，合計差不多有六十餘家、到現在還繼續發行的，不過十餘家（單就大報說）。力量較大的，當推東南日報一家。它的前身是杭州民國日報，因為要推行要到東南一帶，不願以杭州自限，所以有這名稱的改定。隱隱有和西京日報，中央日報等相頡頏的意味，也可以算準都市報紙的一有力份子了。

講到市的一方，自然要以近海的幾處為重要了。

廈

門寧波的市面還不算大，這三個地方，也都有相當的報紙，不過比內地普通城市差勝一籌而已。眞正在中國現在的市裏面，可算重要，報紙可以在中國有領袖資格的，祇有上海和天津兩處。就報紙來說，規模較大，銷數較多的，在上海當推申新時三家，在天津，當推大公益世兩家。它們的組織，上面已有表述及，大致也不相上下，祇有申報，因爲紀念六十週年，有申報月刊社，申報年鑑社，申報新聞函授學校，申報流通圖書館，申報服務部等特別組織。月刊是以宣揚文化介紹新智爲宗旨的，年鑑是以注重整理國家的史料爲目的的，函授學校，一方面是提倡新聞事業，一方面又爲申報佈通訊網於全國各地，他所銜的使命，是和普通函授學校逈不相同的。至於報紙內容，我們可以列幾個表來比較一下。

〔第一表〕各報廣告新聞分配容積表

日期 月	日期 日	報別	張數	總字數	廣告字數	新聞字數	廣告與新聞之百分比 廣告	廣告與新聞之百分比 新聞
2	23	申報	4	307200	150[illegible]00	156400	48.1/100	50.9/100
2	22	新聞報	4	327680	172340	155340	52.6/100	47.4/100
2	24	大公報	3	217152	93448	123704	42.2/100	57.8/100
2	24	益世報	3	239616	1120[illegible]6	127530	46.8/100	53.2/100

上表申報新聞報以出版四張爲標準，大公益世以出版三張爲標準，故日期不取一律。

總計，新聞以申報爲最多，新聞報次之。廣告地位以新聞報爲最多，申報次之。

上列均二十三年二月報紙

第二表。各報新聞容積分配表

新聞類別＼報別	申報	新聞報	大公報	益世報
提要評論	2560	3320	2432	5616
國內電訊	35920	13500	15468	20638
緊要通信	13200	9320	17748	11674
地方通信	2600	3000		9984
國際電訊	15040	19480	19082	17784
本埠新聞	..3840	38880	10380	8112
經濟新聞	18400	17760	8552	8564
教育新聞	8860	10240	4308	7800
體育新聞	7760	71680	8400	
文藝	1·280	19360	13920	13104
專刊		12800	1.312	14236
服務版				9984
圖畫版			8352	
總計	156400	155340	123704	127530

(一)以每一新五號字地位爲單位。

(二)引證各報日期張數，與第一表同。

國內電訊，申報和益世報最多，大公報次一些，新聞報最少。但也是表中所引證的那一天，特別少，平素也還要多一二成，雖不如申報的多，但也不至常常比大公報少。地方通信，大公報於各地方，常有很詳細的調查，益世報並有時印鄉村專刊，可見他們重視的一斑。申報和新聞報都還當作一種小新聞排列，這當然編制未完全改為混合制的原故。國際電訊，大公報所登的最多，益世報和新聞報比較少一些，申報有時特別多，亦有時比較少，不甚一定。本埠新聞，申報和新聞報都很多，新聞報的本埠新聞所佔地位，幾乎有全報紙新聞地位的四分之一。申報的本埠新聞，較之新聞報，略少百分之三。大公和益世則相差甚多了。教育，經濟，申新略相仿，大公益世差相近。大約質量，申新較大公益世多一半之譜。文藝，就是說申報和新聞相近，大公和益世相仿。就質說，申報同時具有新舊兩類的文字，大公趨於新，新聞和益世還保留有舊文學的意味。此外專刊圖書等，各報稀類不盡相同，有無多少也隨時變動，這裏就不細細推敲了。

本國新聞事業

郭步陶編

（乙）僻遠省分的新聞事業的困難　新聞事業和交通文化有密切關係，人文薈萃交通便利的地方，新聞事業自然較爲發達。僻遠省分，交通多阻，文化落後，辦理新聞事業，不免有多少爲難之處。第一人才缺乏。當地旣少富於學識之學人，他處有智識的分子，又不願把自己有用的身子，埋沒在這無人注意的地方。所以在這宗地方，就是一切準備好，也難找適當的辦報人，來辦新聞事業。其次地方苦寒，經費難籌。人民程度幼稚，能夠看報的人少，銷售報紙很不容易。商人見識短淺，不知廣告的宣傳功用。登廣告的人少，也很足以影響新聞事業。上面所說，都是報紙在僻遠省分不容易發展的原因。如康藏新青等地，很難找得着報紙來看，且不必說。姑就西南的廣西，和西北的山西，略加檢討，就作這裏的例證吧。

（一）廣西　廣西的報紙，可以看看的，約有三處：一是桂林，乃廣西的舊省會。報紙並不多，消息不甚靈捷，材材也不豐富，副刊所登，多是文言體的文章和舊體詩等。二是梧州，是廣西東邊門戶，也是第一高埠。市黨部辦有民國日報，每天出兩張半，省外的消息，多從滬粵各報剪來，副刊名樂園，專登文藝作品 又有學術團體主辦的工商日報，國內外消息的來源，和民國日報一樣，省內消息，比民國日報差一點，副刊名自由世界登小品文章，無甚生意，日出二張。三是邕甯，從陸榮廷長桂的時候，便為省會。有省宣傳部直轄的民國日報，日出三張，在國內重要都市，如南京廣州等地，似乎也有通訊員，消息比較靈通一點，印刷方面，可算全省報紙中最漂亮的了。又有農商報，南甯總商會很對牠幫忙的，消息大部從剪刀得來，也有副刊，但是沒有什麼精彩，銷路也不十分好。

（2）山西　山西報紙本不多，除公家出資辦理的幾家不受經濟壓迫外，祇有山西日報晉陽日報兩家，還可勉強維持，其餘多不免拮据萬分了。這裏各報經濟困難的原因，是廣告太不發達。太原省城，雖有大小商號數千餘家，然對於登廣告一層，十有八九尙莫名其妙。吾人試一翻報細看，所登商店廣告，除了幾家鐘表眼鏡公司，各大藥房，各大書局，各紙烟公司外，其餘那些商行的寶號，那是絕對看不見的。並且那些老店舖的掌櫃們，還調侃說道：「哼，登廣告幹甚麼？登廣告也賣錢，不登廣告也是賣錢，但要登一登報，起碼一天就要好幾毛。」這些商行的人們要是長遠地這樣不開通，廣告的發達，那就永遠沒有希望了。山西日報總經理趙效復曾向人說：「這裏各報所登的廣告，當以敝報爲最多，但每月所收廣告費，也不過四百元之譜。」從此類推，其他各報，每月廣告費的收入，也就可想而知了。記得從前初有報紙的時候，倒有幾家老店舖，要想登廣告，後來因爲派出去登廣告的人，走到橋頭，找不着他所要登廣告的報館，問問當地的人，說是已經遷移，却又不知道遷移到何處，於是想登廣告的念頭就作罷，從此就索性再不登廣告了。從這些的地方觀察，又可看見商家對於報紙不注意的一斑。

(三)精神的痛苦

有報紙的形體，而不能盡報紙的天職，這是新聞事業的靈魂已完全沒有了。再說明白一些，就是應該記的新聞不能記，應該批評的事件不能批評。或不能記而勉強記，不能批評而勉強批評，意外不幸的遭際，就要臨到頭上來。這是多麼使得辦理新聞事業者精神上感覺痛苦呀！愛親覺羅氏佔據中國的時候，尋常文字獄，殺死的人誠然不知多少。但是報紙上彰明較著排滿的人很多，却沒有一一都去殘殺。不過罵他最厲害的人，有時指名捉拿，把他趕到外國去，便含糊了事。眞個像鄒容那樣死在監裏的人還不算多。可是到「民國，袁世凱就發期了一個調消郵寄的新法，把赫赫有名的民立報，活活的困死在上海。隨後張作霖張宗昌以至顧祝同等，每每以槍口對待新聞記者，寃枉死的報人，如邵飄萍林白水劉煜生等，世人多已知道，但沒有爲人知道的，尙自不少。溫和一點的辦法，便是檢查報紙的稿樣。其初祇是限於軍事，各個地方不必相同。後來範圍漸寬，地方也漸擴大，幾乎沒有一個地方的報紙不受檢查的。檢查這樣嚴密，言論還能剩得多少自由，那就可以不言而喻了。這是國內辦理新聞事業的人們所遭際的概況。至於海外華僑所辦的報紙，在侵略我者的鐵蹄下所苟延性命的報紙，其痛苦，較之上面所說的，還要加上好幾倍。爲求更加明白起見，在下面分別引證事實，加以相當的說明。

（甲）軍閥蹂躪下的新聞事業　軍閥對於新聞記者的殘暴，上面已經說過一些。這裏再就軍閥盤據較久的地方，和軍閥爭奪一地方，一來一去的時候，新聞事業所受的影響，略舉一二事實，以作例證。

（1）軍閥權勢最盛的地方，無新聞事業可言。　當民國十九年的時候，重慶的日報，有商務日報等十六家，晚報有平民晚報等六家，通信社有四川通信社等十餘家，未始非新聞界的好現象。可是在重慶辦新聞事業，旣苦於環境惡劣，又苦於經濟困難，犧牲於此兩大問題下的，隨時皆有。除重慶新聞報，渝江日報，重慶晨報，四川快報，蜀光報等五家，先後自動停刊外，又被重慶當局以「言論反動」四個字，封去了團悟日報，新社會日報，新時代報，國民快報平民晚報等六家，及巴甯，巴江，巴鐸，靑白等四家通信社。就中團悟日報記者王紅鵠，鄧鐵羽，平民晚報記者范愛憓，被劉湘軍長驅逐出境，新社會日報記者羅世言巴江通信社記者李煒章被劉派兵拘禁，巴甯通信社記者吳秋影巴鐸通信社全體記者被劉通緝拿辦。尤其難堪的，是最近（十九年的最近）發生的兩件快事：一是重慶快報批評婦女協會辦事不當。有劉湘的旅長藍文彬以他的愛妻歐陽某係該會常委，竟派兵將快報編輯邵正朝逮捕。勒令他（指邵）當衆向他（指藍）的愛妻鞠躬謝罪，否則槍斃。一是國悟通信社揭載適中樓餐館菜內發現臭蟲，本為事實。有潘文華旅長的軍需馮什竹，係該餐館股東，認爲損壞他的營業信用，竟派兵將國悟社記者辭文侯鄧各充逮捕，勒令更正，始行釋放。重慶的環境這樣惡劣，還有什麼新聞事業可辦?!

（注）此段事實，根據上海新聞記者聯合會出版的記者週報彙刊十八頁。

（2）軍閥勢力消長的時候，新聞事業所受的影響。濟南的新聞事業，在民國十九年時，本有山東民國日報，山東國民新聞．市民日報，平民日報，濟南日報，晨光日報，濟南晚報等數家。民國日報是中央宣傳部派員辦理的，國民新聞是省黨部與省政府合辦的，市民日報是市黨部所辦的。這三個報，平素銷數很好，可是戰事起，韓軍退膠東，晉軍進據濟南，這三個報也就同時停刊了。其餘的各報，得這機會，反爭着飛躍起來。

改組派所組織的山東省政府，搬到濟南後，把民國日報的全部機件拿來自用，由鄧崇熙委天津日日新聞副社長陶荷亭爲社長，辦一新山東報。陶來濟，從天津聘了新聞記者七八人，營業部也約了朋友不少，薪水都很優厚。鄧先給開辦費一千元，陶拿來開發天津約來的記者的旅費，第一天所剩已經不多。第二天把全社的預算，開一張淸單，拿給鄧看，大致一個月要六千餘元的開支，鄧大不以爲然，該報就此告終正寢。報紙壽命的短促，恐怕該報要算是第一個了。後來中央軍到了濟南，改組派的民主日報就停刊。省盤委搬了回來，山東民國日報又繼續刊行，省政府還議决，每月津貼洋一千五百元。報館的命運，隨著軍隊勢力來去而轉移，各省像這樣的事實很多，這裏也不一一盡說了。

(注)此段事實根據上海新聞記者聯合會出版的記者週報彙刊七十八頁。

(乙)檢查制度下的新聞事業　新聞檢查，歐美各國也多有此制度。大致總在甲國和乙國宣戰，或國內有重大事件發生，頒布了戒嚴令的時候，才派人檢查各報新聞。檢查的目的，是防洩漏軍事祕密和禁止發刊不利於政府和人民的新聞。中國自入民國以來，內戰幾乎隨時都有，檢查制度也逐漸隨以施行。但是報館和新聞檢查處，常有糾紛發生。十八年，蘇州各報，曾因反對新聞檢查，一致停業。各處報紙，對檢查新聞的不滿，十九二十兩年中，也所在多有，較著的當爲上海日報公會二十年反對檢查的宣言，就此抄在下面，以見一斑。

上海日報公會宣言

報紙爲社會公器，以紀述而民視民聽繫焉，以言論而民意民氣伸焉。使命昭然，舉倫共鑒。上海得風氣之先，報紙之刊行滋長，亦較早而較盛。然六十年來，備受橫逆。未能曲阿當道，則封閉，停郵，檢查，取締，種種非法摧殘，恣所欲爲。不欲迎合羣衆，則搗毀，威脅，監視，辱駡，種種直接行動，肆意相加。已非朝夕，由來既久。徒以各報自視爲人民之耳目喉舌，不容滯塞須臾。故含垢忍辱，委曲求全，以迄今茲。詎知咄咄逼人，愈演愈烈，馴至立言紀事，動輒牽掣，白黑混淆，是非泯滅。嗚呼！優容姑息，負疚深矣。爰相集議：以爲言論出版之自由，乃民權之大綱，垂諸遺教，明見約法，固非命令所能變更，亦非強暴所得蹂躪。值此建國初期，大難當頭，舉國上下，知輿論之重要，則請予以生機。各報同人，自當追隨時彥之後，不辭勞瘁，用赴天職。雖然，以各報同人之愚，如何曾偏適應錯綜之責望，則惟有相約藏拙，以保輿論尊嚴。再三審議，衆意僉同，決定即日起，絕對不受任何檢查，絕對不受任何干涉

本來十九年九月六日，中央執行委員會曾經議決停止新聞檢查。大意說：討逆軍事業告結束，停止檢查新聞，並訓令各級黨部厲行新聞登記。當日下午中宣委招待新聞界劉蘆隱報告會議經過，末了有下列幾句話：

摘錄劉蘆隱報告的末一段

檢查新聞撤消後，關於一切理論問題，一切事實問題，純憑言論界自身之知識能力加以判斷，自負其責。深望言論界完全基於政府道德之觀念，善用此言論自由，來領導民衆的思想，糾正社會各方面的錯誤，尊重社會安甯秩序，服從國家法律，擁

護國家民族的利益，均爲新聞界應有之責任。今日中央已議決卽日起撤消新聞檢查，故略述所見如上。

照上文看，新聞檢查制度的取消，總是事在必行了。但是在那時，各地報紙的被檢查，並沒有絲毫改變，據檢查一方面說，也有一番不得已的苦衷，這裏可以不必細細推求。後來到二十一年四屆一中全會閉會，國民政府遵奉決議案，曾頒佈了一道保障輿論的命令，還是說新聞檢查應該取消。命令原文抄在下面，大家看看：

二十一年國府頒佈的保障輿論令

查言論自由，爲全國人民應有之權利。現在統一政府成立，亟應扶植民權，保障輿論；以副喁望，而示大公。所有對於電報及新聞施行檢查之事，應予一律取消，着由行政院通飭各主管機關一體切實遵行。

可是沒有多少時候，檢查新聞的暫行條例又由南京正式公佈了。像這樣前後法令的自相矛盾，想來就是政府不得已的苦衷之所在了。從此以後，直到作者草此書時（二十三年），全國從事新聞事業的人，莫有不飽嘗檢查新聞的滋味的。要想實現保障輿論命令的效力，不知道是在什麼年頭了。

關於取締新聞機關的法令，在軍閥時代，各地軍政當局，往往各自爲政，不相統一，這裏且不多說。自國民政府奠都南京後，十九年十一月，立法院通過了出版法，內中有一部份是關於新聞紙和雜誌的發行，登記以及更正新聞等事。接着內政部和中央黨部宣傳部就據出版法，訂定了出版法施行細則，來辦理出版品的登記和審查。照這樣看，取締新聞機關，已有適當法令，似可不必煩勞檢查了。然而事實却不是這樣。十九年，首都衞戍部就頒佈了新聞檢查條例，二十一年五月，中央執行委員會又通過了宣傳品審查標準，同年十一月該會並加以增訂。二十二年四月中央執行委員會核准了上海市的新聞檢查所暫行組織條例，同年九月中央執行委員會又有修正重要都市新聞檢查辦法的通過。檢查新聞，設有專所，著爲法令，大有長久施行下去的樣子。現在就把中執委所修正的新聞檢查標準抄在下面，以備讀者參考。

修正新聞檢查標準

二十二年十月五日，中央執行委員會常務會議通過。

一　關於軍事新聞應扣留或删改者：

一　關於我國高級軍事機關，要塞，堡壘，軍港，軍艦，軍營，倉庫，飛行場港，兵工廠，造船廠，測量局，及其他國防上建築物之組織，及設備情形，與其應祕密之地點。

二　關於國軍預定實施之軍事計劃及一切部署。

三　關於國軍之兵力兵種番號，與其行動駐紮，及軍用品之輸送起卸地點，或籌備情形。

四　關於高級指揮官之行蹤，及其祕密之軍事談話。

五　關於各級軍事機關有關軍事祕密之會議與紀錄。

六　關於敵我軍情與事實不符之記載。

七　關於新式武器及軍事工業之發明。

八　其他不利於我方之軍事新聞。

二　關於外交新聞之應扣留或删改者：

一　凡對我國外交有不利影響之消息，尙未證實或已證實不確者。

二　凡外交事件正在祕密進行中，其消息或文件，尙未經外交部正式非正式公佈者。

三　凡外交談話，未經外交部正式或非正式公佈者。

三　關於地方治安新聞之應扣留或删改者：

一　搖動人心，引起暴動，足以釀成地方人民生命財產之重大損失者。

二　故作危言影響金融，足以引起地方人民日常生活之極度不安者。

四　關於社會風化新聞之應扣留或删改者：

一　關於淫盜之記載，特別描寫，以煽揚猥褻凶惡之影響者。

二　其他有妨害善良風俗者。

△附注

一　各新聞檢查所檢查新聞，除遵照以上規定外，並須依照出版法及宣傳品審査標準第二項第三項之規定。

二　各新聞檢查所檢查新聞，仍須隨時遵照中央宣傳委員會頒布注意之要點。

三　各報社刊布新聞，須以中央通訊社消息爲標準。

問題

(1)近年中國報紙，是進步？還是退步？

(2)地方報紙和都市報紙，不同之點何在？

(3)現在可稱重要都市新聞的，是那幾家報館？

(4)試說申新兩報不同的地方？

(5)邊遠省份，爲什麽報紙甚少？

(6)爲什麽現在辦報比清末，還要困難？

(7)試說軍閥爭地盤，與報業盛衰的關係。

(8)民十八，吳縣各報，有一時期，全不出版，是什麽原故？

(9)上海報紙曾經反對檢查，是在何時？有何證據？

(10)試說檢查新聞的利弊。

本國新聞事業

郭步陶編

（丙）外人勢力下的華僑新聞事業　華僑的新聞事業，在民國前三十餘年，已經開始。他們的態度，常常隨着政潮，有所改變。如民國前十年左右，君憲民主的爭；民國四五年間，擁袁倒袁的表現；民國八九年間，擁陳擁孫的各別主張；他們的旗幟，都是很鮮明的。但是相沿至今，華僑的新聞事業，發展總覺有些困難。戈公振氏推究之下，曾舉出四個原故。（註一）後來南洋華僑的報人看見了，心裏不大以爲然。在民國十七年的時候，曾在華僑報紙上，宣佈了一篇論文，詳細解說華僑新聞事業的情形。自然，以華僑報人來論華僑新聞事業，總比在國內的人們，觀察較爲眞切一些。可是他對戈氏所舉的四個原故，有以爲然的，有不以爲然的。如前三項，——（一）社會程度低，看報的人少，（二）編輯人材缺乏，（三）華僑成見深，視報紙爲黨爭的工具，雖也有些辯駁，然而語氣之間，大致還是有幾分承認的；（註二）獨於第四項——外人摧殘華僑報紙一層，似乎有些不敢直說的樣子；（註三）這裏一定有許多可以研究的文章在。

註一、華僑報紙之難於發展，其故有四：（一）華僑教育未興，生長其地者，且不識華文，故社會程度甚幼稚，非特閱報者少，即覓一有價値之新聞，亦不易也。（二）編輯輯人材缺乏。大率執筆者，在南洋方面，多係政客，美日方面，多係學生。此輩來去無常，報館內部，遂時有更變。（三）華僑成見甚深，視報紙為黨爭之工具，互相攻訐，置華人生活之苦痛於不顧。（四）前清華僑報紙，可自由發抒意見，今外人見中國民氣之蓬勃，華僑智識之增進，摧殘不遺餘力。………

（見戈著中國報學史第六十五頁）

註二、（一）所謂社會程度甚幼稚，閱報者少，即今日之宗邦，亦患斯病。豈能望遠在海外，失教之華僑，而如歐美諸文明國家，其人民，無論貧富老幼，上自達官偉人，下至販夫走卒，均必人手一報，以觀國家之政治以察社會之情況乎？………（二）居於國人研究新聞學較遲之故，今日新聞界感於編輯人材缺乏，可云國內外如出一轍。

不過華僑報界中，尤缺乏有新聞素養之人材，尤缺乏爲辦報而辦報不騖其他之人材，尤缺乏觀察正確，記述明瞭，批評公正之人材。或謂華僑報界中常有略具文筆伎倆，甚且文筆伎倆亦未具，但以善於無理亂罵者，充塞其間，此則爲吾人所未敢爲南僑報界隱諱者也。……(三)今歲伊始作中華民國十七年時，開端即向同僑宣言曰：「南洋社會，五方雜處。同僑雖多，鮮有團結。益以語言不一，畛域見深。遠國稍遠，易化於人。前途明晦，專賴啓迪。是以對於社會，吾人則爲僑胞而言，雅不欲作空洞無謂之辯論」。斯言雖屬芻蕘，要爲識者所不得而否認。……

(見新嘉坡南洋商報松生作論文)

註三、居留地方法律之限制，今昔大同而小異，不過限制之程度，或有差別耳。如謂曩時可自由發抒意見，今日不能自由發抒意見，此乃事之問題，而非自由與否之問題也。蓋曩時華僑報界其目的專致力於鼓吹中國應興應革之事情，涉及國際之事極少也。如專議論中國，而不涉及他國之言論，今日之自由與昔日之自由，豈曾稍殊乎？……如偏激發言，或則全然不顧居留地方之法律，肆口亂道；或於近年以來之過激思潮，欲在居留地方，頃刻建築成功其心目中之樂園，不但居留地方不許，即在宗邦，亦未見有此絕端無範圍之自由也。……

（見新嘉坡南洋商報松生作論文）

照上面所論列的幾點看，我們可以知道，華僑能夠看報的人並不多，也就是華僑新聞紙的銷數並不十分多的間接證明。在華僑新聞事業中，編輯的人材不甚多，僑報裏面，有時不免有罵人的文字，僑胞和僑胞當中，有時要打些筆墨官司，這都是不可否認的事實。至於居留地方的法律，對於僑胞的新聞事業，自然是處於監視的地位。在松生君論文中，對於居留地方的握政權者，曾不敢稍有傲詞，就此可知僑胞報人所處的環境是怎樣了。

又松生君論文的結論中，有下列幾句的聲明：

『所引戈公振語，於「稍有限制」一句，因各處空間不同，語氣之輕重，有所修改，亦當加以聲明」

試把戈著原文與松生君論文校閱，很顯明地看得出，論文中的「稍有限制」四字，是將戈著「摧殘不遺餘力」六字，改換而成。我們試想，「摧殘」的事實，既不明白加以否認，却在字面上改作「限制」，並把「不遺餘力」的分量，輕描淡寫地減削成爲「稍有」二字，他們恐怕觸怒居留地方握政權者的情態，已到怎樣程度，可以不言而喻了。從這裏推論，論文中所說的「自由」「不自由」都是面子上的話，內在的包含，一定有許多想說而不能明說的苦衷，這就是華僑新聞事業中最感困難的一點。

（丁）血淚交橫中的東北新聞事業　九一八以後，可憐的東北，還有什麼新聞事業可說？但東北究竟是我們的東北，不能說一時被人家強行奪去，便就拋開不提。更不能說新聞事業，不幸而陷入東北的苦境，便忍着心，不加以詳細的觀察。所以本書將要結束時，特把「呼籲無門」的東北新聞事業，爲讀我書的人們，「涕泣而道之」。

東北在沒有被刼奪以前，文化事業，總算還有些向上的氣概。就中如瀋陽，哈爾濱，新聞紙的發刊，也有幾十種之多。雖說實力和規模，不能和關內的津平滬各大報館比，但內地僻遠的城市，尚少那樣氣勢的報館。事變發生後，封閉的封閉，沒收的沒收，所賸下來的，都已貌是神非，眞正還能說是有生氣有靈魂的新聞紙，恐怕一個都沒有了。這裏且把他們所受着的苦難狀況，略述如下：

（一）日僞管理報館情形　東北的華人報館，都由當地僞機關，承日人意，嚴密約束。關東軍的司令部又有司法系和第二班的設置，每日派員檢查各報館的新聞言論，就是文藝廣告，都要一字一句詳明。倘有認爲不妥的地方，就要把編輯人傳去，嚴切根究。倘若答覆不圓滿，便要加以處分，非至調查明確，不能回復自由。不但這樣，無論何地，任何一日人，如見各報消息，自己認爲不妥的，都可用電告發。是報館的受約束，不但是日僞的機關，並且普遍地任任何一日人、我們試想，報館的受約束像這樣，還能有幾何的生命？

（二）重重疊疊的出版法　在兩年以前，（民國二十一年）僞國曾用教令，頒佈了出版法五十二條。條例的嚴苛，無以復加。發行人和編輯人，都要舖保，不然，就不許出版。編輯人改換的時候，須要呈請偽官府備案，沒有偽官許可，不能私自換人。同時偽警察機關管理報館，也各有法規，內容多和偽國的出版法相衝突。各報館處於這左右為難的境地，却也不敢向偽當局質問，「究竟新聞事業，應受那一方管理？」只有「逆來順受」，在這雙層的，矛盾的管理之下，苟延生命。可是偽國出版法頒佈的時候，偽警察機關正在叫各報館依法塡報，偽民政部却又很嚴厲地催各報館依出版法呈報備案領取新的許可證，舊的一概作廢，且限定十二月底以前一定報齊。呈報手續很是麻煩，偽官府又沒有一定的程式公佈。各報館只得依着舊式去報，一連報了幾次，都被駁回。後來託人到偽部去探問，才知道要用日本的美濃紙（和蠟複寫紙相彷）寫；封面上，要寫「大滿洲國民政部長某殿某報經理（或社長）編輯人為呈請事」；以下寫發行報的名稱，出版的月日，和所請求事件等；一定要這樣，呈報上去才能備案。備一個案，都這樣萬難，其餘一切的挑剔，那就更是說不勝說了。

(三)檢査新聞的嚴厲　起初檢査的，只是要聞。後來本市新聞，國際新聞，都要送去檢査。再後，連文藝廣告等，都不能免。辦理檢査新聞的人，大半是僞警察機關的下級職員。遇着禁登的事件，僞官府並不通知報館，只通知檢査人。雖說通知，却又沒有明確的範圍。所以往往有風馬牛不相及的事情，檢査人竟大扣而特扣，甚至有一版新聞都扣完的。補送新聞去檢査，又一定限在夜間十點鐘以前送到，過時就沒有人看了。但是新聞扣去了，報紙上又不能寫明「檢査扣去」，或空白。各報對於這種地方，沒有辦法，只好隨便拿些阿貓阿狗，毫無新聞價値的新聞來胡亂搪塞了。我們想想，這樣辦報，他的報紙還能成其爲報紙嗎？

(四)命令式的通信社　在僞國境內，有一個特別通信社，名叫滿洲國通信社，是把日本的電通，聯合，商通，露西亞各通信社，合併起來所做成的。他的總社在長春，瀋陽，大連，安東，哈爾濱，吉林等地，都有支社。東北同胞對於關內情形，在斷郵期間，固然一些無從知道，就是通郵後，日人的檢査很嚴密，也不容易透露眞正華人消息，所以這個通信社簡直可以一手遮天，把東北同胞的耳目，完全蒙住。同一在東北的報紙，這個通信社所供給的稿件，日人所辦的，總要多一倍以上的消息，華人所辦的，總要少一倍以上。至於每月的稿費，對於華人報館，常自由的用命令式來攤派，那家多少，那家多少，總揀有錢的多多勒派，無論那家報館，都是不敢拒絕的。而且除了這個通信外，也沒有消息可得，就想拒絕，於勢也有所不能。報館出錢買稿，用否理應可以作主，但是東北的同胞，並此也不能辦到。這個通信社的稿，往往在稿件前面，有命令式的通知，說那條新聞，要絕對登載，那條新聞要怎樣標題。編輯人不能不依命而行。這些新聞，多半是從日文翻譯而來，非常生硬難讀。編輯人只能「囫圇吞棗」的照着登載出來，絕對不能有所篡改。如其想要精編，把文字改動一下，第二天便要把你拘捕去，辦一個「舞文弄筆」的罪。我們想想，這樣太上皇帝的通信社，天天臨到頭上，叫人可怕不可怕呢？

（五）留聲機式的社論文　各報館所處地位，如此苦難，自然不敢虎頭上捉蒼蠅，發表什麼公正的言論。大家不約而同的，報紙上，都沒有論文登載。但是遇着什麼節，什麼紀念，日偽當道需要報紙上一些歌功頌德的文章，却又不能不昧着良心去敷衍門面。所以社論一欄，已成爲御製的留聲機了。如其中間有人作消極的抵抗，（就是不作歌功頌德的論文）自然他們也不好意思就封報館，不過日本的憲兵隊，就要常常調查你的思想，好像你精神上犯了罪一樣。此外還有什麼節的時候，憲兵隊要有人到報館來，指定編輯人發表意見，或在一二小時內，作成一篇意見文。這宗意見，都是要說日本或偽國待東北的人怎樣好。如其不作便說你反抗日本或偽國，就要立時把你捉將官裏去。各報記者在這種威迫之下，沒有不飲泣吞聲，痛恨欲死的。唉！亡國奴的痛苦，難以言語形容，亡國奴中的新聞記者，更是苦得有口難說了。

上面所述，都是二十一年冬季的東北新聞事業情形，現在又過兩年多了，東北同胞的新聞事業，一定更有許多被摧殘的。聽說日偽當道的意思，在偽國境內的新聞紙太多，管理不容易，在這兩三年中合偽國全境．連日人所辦的漢字報，多則十家，少則七家。所以僞民政部對於新聞事業的立案批照，已多時不發。今後同胞在東北的新聞事業，只有一天收縮一天了。最近有人到朝鮮，去考察新聞事業，知道全朝鮮境內，朝鮮人所自辦的報紙，只有一家，且常常受日人的處罰。將來東北的新聞事業，恐怕也是這樣一個命運喲！

附註　上面所述的事實，都是根據民國二十二年十二月五日至十一日，上海新聞報天津通信。

問題

(一)國內政潮，和華僑報紙有何影響？

(二)編輯人材，國內報館和華僑報館是否一樣？

(三)華僑報紙的銷路，爲何總不甚發達？

(四)華僑報紙的執筆者大約是些什麽人？

(五)外人對待華僑報館究竟是怎樣的態度？

(六)九一八以前，東北報紙是否一無生氣？

(七)日僞管理東北報紙有幾個機關？

(八)日僞所派的檢查報紙者，是些什麼人？

(九)僞國的通信社，對待華日報紙，有些什麼不同的地方？

(十)東北華人報紙，何以很少社論？

(十一)日憲兵隊到華人報館徵詢意見，是否可以拒却？

(十二)朝鮮的新聞事業，是何狀況？

图书在版编目（CIP）数据

本国新闻事业 / 郭步陶编著. —北京：中国传媒大学出版社，2018.3
（中国近代新闻学名著系列丛书 / 芮必峰主编）
ISBN 978-7-5657-2282-0

Ⅰ.①本… Ⅱ.①郭… Ⅲ.①新闻事业—中国 Ⅳ.① G219.2

中国版本图书馆 CIP 数据核字（2018）第 051004 号

中国近代新闻学名著系列丛书
芮必峰 主编
本国新闻事业
BENGUO XINWEN SHIYE

编 著 者 郭步陶
策划编辑 司马兰 姜颖昳
责任编辑 曾婧娴
封面设计 拓美设计
责任印制 阳金洲

出版发行 中国传媒大学出版社
社 址 北京市朝阳区定福庄东街 1 号 邮编：100024
电 话 86-10-65450532 或 65450528 传真：010-65779405
网 址 http://www.cucp.com.cn
经 销 全国新华书店

印 刷 北京华联印刷有限公司
开 本 787mm × 1092mm 1/16
印 张 11
字 数 100 千字
版 次 2018 年 6 月第 1 版 2018 年 6 月第 1 次印刷

书 号 ISBN 978-7-5657-2282-0/G · 2282 定 价 58.00 元